高等学校创新性数智化应用型经济管理规划教材（会计系列）

总主编 / 李雪　　主审 / 徐国君

管理会计学习指导书（第三版）

徐伟丽 ◎ 主编

闫婷婷　颜萍 ◎ 副主编

图书在版编目(CIP)数据

管理会计学习指导书 / 徐伟丽主编. —3 版. —上海：立信会计出版社，2023.7(2025.7 重印)
"十四五"高等学校创新性数智化应用型经济管理规划教材. 会计系列
ISBN 978-7-5429-7389-4

Ⅰ. ①管… Ⅱ. ①徐… Ⅲ. ①管理会计－高等学校－教学参考资料 Ⅳ. ①F234.3

中国国家版本馆 CIP 数据核字(2023)第 120678 号

策划编辑　方士华
责任编辑　孙　勇
美术编辑　吴博闻

管理会计学习指导书（第三版）
GUANLI KUAIJI XUEXI ZHIDAOSHU

出版发行	立信会计出版社			
地　　址	上海市中山西路 2230 号	邮政编码	200235	
电　　话	(021)64411389	传　　真	(021)64411325	
网　　址	www.lixinaph.com	电子邮箱	lixinaph2019@126.com	
网上书店	http://lixin.jd.com		http://lxkjcbs.tmall.com	
经　　销	各地新华书店			
印　　刷	上海华业装潢印刷有限公司			
开　　本	787 毫米×1092 毫米　　1/16			
印　　张	11.5			
字　　数	224 千字			
版　　次	2023 年 7 月第 3 版			
印　　次	2025 年 7 月第 2 次			
书　　号	ISBN 978-7-5429-7389-4/F			
定　　价	35.00 元			

如有印订差错，请与本社联系调换

总　序

教材是高校实现人才培养目标的重要载体,教材及教材建设对高校发展具有举足轻重的作用。与培养模式相对应的教材是培养合格人才的基本保证,是实现培养目标的重要工具。由于历史的原因,在财经类教材的出版方面,相关出版社出版研究型本科或者高职高专、中等职业等层次的教材较多,应用型本科教材较少。虽然近年来一些应用型本科教材也陆续出版,但总体而言,这些教材还是缺乏权威性、普适性、实用性、创新性。造成这种状况的原因主要在于:出版社对财经类应用型本科教材的出版还不够重视,没有进行有效的组织;财经类应用型本科院校多为新建院校,教材建设相对滞后,主观上也较愿意使用研究型本科教材;在教材使用中存在比较严重的混用现象,教材目标读者群不明确,如不少教材既适用于研究型本科院校又适用于应用型本科院校,或者既适用于本科院校又适用于高职高专院校。

由于目前财经类应用型本科教材种类和数量匮乏或质量欠佳,财经类应用型本科院校不得不沿用传统研究型教材。这些教材本身的质量很好、级别很高,但是并不适用于应用型本科院校的教学,教师和学生普遍反映不好用。即使在全国范围看,也还没有相对成套、成熟的适合财经类应用型本科院校的教材。现有教材存在的主要问题包括:①教材的定位和要求过高;②教材的内容偏多、难度偏大;③教材着重于理论解释,相关案例、实训等内容较少,缺乏普适性、实用性。

与此同时,信息技术的快速发展使学生的学习习惯和阅读习惯发生了改变,不断朝个性化、自主学习的方向发展,传统的单一纸质教材已经无法适应这种变化。翻转课堂、慕课、微课等网络课程的兴起,混合式教学的不断推进,也对立体化教材建设提出了新的要求。教材作为一种课堂上的教学工具、一种传播媒介,理应顺势而为,随课堂形式、学生学习方式的改变而改变,朝着数字化、立体化、可视化的方向发展。因此,需要编写适应学生水平、便于学生接受的立体化财经类应用型本科教材。

我们组织具有多年应用型人才培养经验的优秀教师和实务界专家编写了这套教材。本系列教材有《会计基本技能》《出纳实务》《基础会计》《中级财务会计》《成本会计》《管理会计》《会计信息系统》《财务管理》《审计学》《高级财务会计》《商业分析》《税法》《经济法》《金融学》等品种。为了保证教材的质量,本系列教材聘请了知名高校的专家教授进行专门指导和审核。每本教材至少有一名本学科的知名专家或学科带头人提出审核指导意见，至少有一名高等院校教学一线的高级职称教师组织编写，至少有一名行业协会、实务界专家或教学研究机构人员提出编写建议。

本系列教材的特色如下。

1. 应用性

应用型本科的教材建设应坚持培养应用型本科人才的定位，充分吸收和借鉴传统的普通本科教材与高职高专类教材建设的优点和经验，以就业为导向，做到理论上高于高职高专类教材、动手能力的培养上高于传统的本科院校教材。本系列教材体现了应用型本科的定位，体现了素质教育和"以学生发展为本"的教育理念，遵循了高等教育教学基本规律，重视知识、能力和素质的协调发展，根据应用型人才培养模式对学生的创新精神、实践能力和适应能力的要求，在内容选材、教学方法、学习方法、实验和实训配套等方面突出了应用性特征。

2. 针对性

本系列教材的编写符合会计学、财务管理和审计学等专业的培养目标、培养需求、业务规格和教学大纲的基本要求，与各专业的课程结构和课程设置相对应，与课程平台和课程模块相对应。教材在结构纵横的布局、内容重点的选取、示例习题的设计等方面符合教改目标和教学大纲的要求，把教师的备课、试讲、授课、辅导答疑等教学环节有机地结合起来。

3. 立体化

本系列教材为立体化教材，实现了由传统纸质教材向"纸质教材＋数字资源"的转变，通过技术手段将晦涩难懂的理论知识转变为直观的具体知识，以立体化、数字化的方式呈现，包括图文、动画、音频、视频等多种形式，生动、有趣且易懂，不仅可以激发学生的学习兴趣，还有利于教学效果的提升。

4. 趣味性

本系列教材注重趣味性，使用了大量的例题和案例，每章都加入了"思政育人""相关思考""延伸阅读"等内容，使读者能够加深理解，便于掌握相关内容。在案例、例题等的设计选用上重点突出趣味性，易于引发读者的共鸣。

5. 先进性

本系列教材反映了应用型会计人才教育教学改革的内容，能够反映学科领域的新发展。教材的整体规划、每一种教材的内容构建等均体现了创新性。教材还强调了系列配套，包括教材、学习参考书、教学课件等。立体化教材在内容修订上更具有明显优势，线上资源可以随时根据政策法规、理论知识或工作实务等的变化进行调整，更有利于保持教材内容的先进性。

6. 基础性

本系列教材将打破传统教材自身知识框架的封闭性，尝试多方面知识的融会贯通，注重知识层次的递进，体现每一门科目的基本内容，同时在具体内容上突出实际运用能力，做到"教师易教，学生乐学，技能实用"。

7. 易于自学

自学能力是大学生的一项基本能力。学生只有具备了自主学习的能力，才能最终建立起终身学习的保障体系，这也是应用型本科人才培养的客观要求。应用技术型高校的生源素质与普通高校相比存在一定的差距，除了一部分是高考发挥失误的学生，还有一部分学生在学习习惯、基础知识等方面存在一定的欠缺，这就要求教材能够调动这部分学生的学习积极性，在理论方面尽量通俗易懂，在实践方面尽量采用案例式教学。为了有利于学生课后自主学习，本系列教材配套了学习指导书和教学课件。

因此，本系列教材的定位准确，特色明显，适用于应用型本科院校教学，容易得到学生和市场的认可，便于学生的自学和教师的教学。

"十四五"高等学校创新性数智化应用型经济管理规划教材凝聚了众多领导、教授和专家多年来的经验和心血。当然，由于我们的经验和人力有限，教材中难免存在不足，我们期待着各位同行、专家和读者的批评指正。我们将伴随着经济发展和会计环境的变迁不断修订教材，以便及时反映学科的最新发展和人才培养的最新变化。

本系列教材自2014年出版后，得到市场的认可，深受广大高校师生的欢迎。为了更好地回馈读者，本系列教材从2017年起启动第二版的修订工作，2019年启动第三版的修订工作，2021年启动第四版的修订工作。各种教材的修订版将陆续出版。我们会一如既往地做好教材修订和相关服务工作，希望广大读者对本套系列教材继续给予支持。

李　雪

2023 年 7 月

第三版前言

本书是"十四五"高等学校创新性数智化应用型经济管理规划教材(会计系列)《管理会计》教材的配套学习指导书,具有应用性、针对性、先进性、基础性、自学性的特点。本书既可作为高等财经院校管理会计课程教学的辅助教材,也可作为企业管理人员学习管理会计的参考用书。

本书根据《管理会计》教材及教学大纲的要求,设计了各章重点与难点的提炼讲解,在讲解的过程中配有相关典型例题。讲解完毕,每章配有练习题并提供相应的参考答案。

《管理会计学习指导书》分为三个部分:第一部分为"学习指导及思考与练习",下设"重点、难点讲解及典型例题""思考与练习";第二部分为"案例分析精选及解析";第三部分为"思考与练习参考答案";第四部分为"模拟试题及参考答案"。

本书具有以下特点:

(1) 针对性强。本书编者都是来自普通高等教育院校教学一线的专业教师,有着丰富的教学和实践经验。

(2) 实践性强。本书按照突出应用性、实践性的原则,在理论与实践相结合的基础上,扩展实践内容,将实际经济生活中出现的真实案例经过少许加工后编入本书,使学生通过练习能更多地接触实务,提高分析和解决问题的能力。

(3) 内容新颖。本书内容体现了当前普通高等教育课程教学的新知识、新方法,便于学生综合素质的形成、科学思维方式的培养、创新能力的提高及新知识的掌握。

(4) 难易适度。本书主要内容由浅入深,循序渐进,以必要、够用为度,通俗易懂。

(5) 习题形式多样。本书既有客观题,也有大量的业务题,涵盖面广,可以考察学生综合分析和解决问题的能力;习题的设计突出理论联系实际,体现实际操作能力,重视知识、能力和素质的协调发展。

(6) 适用范围广。本书适用于普通高等教育院校会计学、财务管理等相关专业的教学需求,也可以用于财会人员在职培训或会计职称考试的辅助教材。

本书由徐伟丽任主编,闫婷婷、颜萍任副主编,于翔和倪运运为编者。本书编写工作具体分工如下:第一章、第三章、第六章由闫婷婷编写,第二章、第四章由颜萍编写,第五章、第九章、第十一章由徐伟丽编写,第七章、第十章由于翔编写,第八章由倪运运编写。

本书在编写的过程中参考了大量相关教材和论著,在此向有关作者致以深深的谢意!

本书的编写先后经过多次讨论研究,力求内容编排合理、避免错误,但难免存在考虑不周、表达不妥的地方,书中如有疏漏不足之处,敬请读者批评指正。

编　者

2023 年 7 月

目 录

第一部分 学习指导及思考与练习

第一章 总论 …………………………………………………………………… 3
重点、难点讲解及典型例题 …………………………………………………… 4
思考与练习 ……………………………………………………………………… 6

第二章 变动成本法 ……………………………………………………………… 9
重点、难点讲解及典型例题 …………………………………………………… 10
思考与练习 ……………………………………………………………………… 12

第三章 本-量-利分析 ………………………………………………………… 19
重点、难点讲解及典型例题 …………………………………………………… 20
思考与练习 ……………………………………………………………………… 22

第四章 经营预测 ……………………………………………………………… 29
重点、难点讲解及典型例题 …………………………………………………… 30
思考与练习 ……………………………………………………………………… 32

第五章 短期经营决策 ………………………………………………………… 37
重点、难点讲解及典型例题 …………………………………………………… 38
思考与练习 ……………………………………………………………………… 41

第六章 存货决策 ……………………………………………………………… 49
重点、难点讲解及典型例题 …………………………………………………… 50
思考与练习 ……………………………………………………………………… 53

第七章　长期投资决策 ······· 57
重点、难点讲解及典型例题 ······· 58
思考与练习 ······· 63

第八章　标准成本法 ······· 71
重点、难点讲解及典型例题 ······· 72
思考与练习 ······· 75

第九章　作业成本法 ······· 79
重点、难点讲解及典型例题 ······· 80
思考与练习 ······· 83

第十章　全面预算管理 ······· 87
重点、难点讲解及典型例题 ······· 88
思考与练习 ······· 91

第十一章　业绩考核与评价 ······· 99
重点、难点讲解及典型例题 ······· 100
思考与练习 ······· 105

第二部分　案例分析精选及解析

案例1　华为黑暗区的生存法则 ······· 113
案例2　拼多多："价格屠夫"卷向美国 ······· 115
案例3　海尔"人单合一"：一场"因人而起"的战略革命 ······· 117

第三部分　思考与练习参考答案

第一章　总论 ······· 121
第二章　变动成本法 ······· 121
第三章　本-量-利分析 ······· 126
第四章　经营预测 ······· 131

第五章　短期经营决策 …………………………………………… 132
第六章　存货决策 ………………………………………………… 139
第七章　长期投资决策 …………………………………………… 141
第八章　标准成本法 ……………………………………………… 144
第九章　作业成本法 ……………………………………………… 145
第十章　全面预算管理 …………………………………………… 147
第十一章　业绩考核与评价 ……………………………………… 149

第四部分　模拟试题及参考答案

管理会计模拟试题(一) ……………………………………………… 153
管理会计模拟试题(二) ……………………………………………… 159
管理会计模拟试题(一)参考答案 …………………………………… 165
管理会计模拟试题(二)参考答案 …………………………………… 167

第一部分

学习指导及思考与练习

第一章 总 论

重点、难点讲解及典型例题

一、管理会计的发展

西方管理会计的发展分为三个阶段,分别是成本决策阶段(20世纪20年代至20世纪50年代)、控制管理与决策阶段(20世纪50年代至20世纪80年代)、管理会计为企业创造价值阶段(20世纪90年代以后)。在成本决策阶段,泰罗提出以提高劳动生产率、标准化生产和专业化管理为核心的科学管理学说。在控制管理与决策阶段,管理会计向着精密的数量化技术方向发展,现代管理会计在20世纪50年代正式形成。而在管理会计为企业创造价值阶段,出现了很多新兴的管理和决策工具,如平衡计分卡、全面质量管理、战略管理、目标管理等。

【例题 1-1·单项选择题】 现代管理会计开始于(　　)。

A. 20世纪20年代　　　　　　B. 20世纪80年代

C. 20世纪末90世纪初　　　　D. 20世纪50年代

【答案】 D

【解析】 选项D,现代管理会计在20世纪50年代正式形成。

【例题 1-2·多项选择题】 下列选项中,属于现代管理会计新型的决策和管理工具的有(　　)。

A. 传统成本法　　　　　　　B. 平衡计分卡

C. 目标管理　　　　　　　　D. 全面质量管理

【答案】 BCD

【解析】 选项A,传统成本法是传统管理成本的方法。

二、管理会计的基本内容与职能

(一)管理会计的基本内容

现代管理会计包含规划控制会计、预测决策会计和责任会计。它们之间既相辅相成又相对独立。规划控制会计可分为规划会计与控制会计;预测决策会计则可分为预测会计与决策会计;责任会计亦称控制业绩会计,它是以各个责任中心为主体,以责、权、效、利相统一的机制为基础,形成的为评价和控制企业经营活动的进度和效果服务的信息系统。

【例题1-3·多项选择题】 下列项目中,现代管理会计包含(   )。

A. 责任会计　　　　　　　　B. 预测决策会计

C. 控制会计　　　　　　　　D. 环境会计

【答案】 ABC

【解析】 选项D,环境会计不属于现代管理会计。环境会计又称绿色会计,它是以货币为主要计量单位,以有关法律、法规为依据,计量、记录环境污染、环境防治、环境开发的成本费用,同时对环境的维护和开发形成的效益进行合理计量与报告,从而综合评估环境绩效及环境活动对企业财务成果影响的一门新兴学科。

(二) 管理会计的基本职能

管理会计的基本职能可以体现在五个方面,即预测职能、决策职能、规划职能、控制职能和业绩评价职能。

【例题1-4·多项选择题】 管理会计的基本职能包括(   )。

A. 计划

B. 评价

C. 控制会计

D. 帮助投资者和债权人作出合理的决策

【答案】 ABC

【解析】 选项D,帮助投资者和债权人作出合理的决策是财务会计的职能。

三、管理会计与财务会计的关系

(一) 管理会计和财务会计的联系

管理会计与财务会计有很多相同点,包括相同的起源、相同的目的、相同的信息来源、服务对象交叉、相同的某些概念。

【例题1-5·单项选择题】 管理会计与财务会计的关系是(   )。

A. 起源相同、目标不同　　　　　B. 目标相同、基本信息同源

C. 基本信息不同源,服务对象交叉　　D. 服务对象交叉、概念相同

【答案】 B

【解析】 选项A,提到目标不同,是错误的,因为它们的最终目标都是使企业获得最大利润,提高经济效益,改善企业经营管理;选项C,基本信息不同源是不正确的,因为管理会计的基本信息也是来自财务会计;选项D,概念相同不完全正确,因为管理会计的某些概念是财务会计引申而来的。

(二) 管理会计和财务会计的区别

管理会计和财务会计的区别为:财务会计"总结过去",而管理会计"面向未来";有着不同的报告期间、服务对象、计算方法、信息精确度及约束标准。

【例题 1-6·多项选择题】 管理会计与财务会计相比的区别包括(　　)。

A. 基本职能不同　　　　　　　B. 信息特征不同

C. 依据原则不同　　　　　　　D. 会计主体不同

【答案】　ABCD

【解析】　选项 ABCD 均为管理会计与财务会计的区别。

四、管理会计人员的职业道德

管理会计人员在对专业团体、服务机构、公众及其本身履行职责时,必须遵守法律和职业道德规范。它的职业道德包括四个方面:技能、保密、可信性、正直性。

【例题 1-7·单项选择题】 管理会计人员职业道德的构成是(　　)。

A. 技能、独立、客观、保密　　　B. 技能、公正、客观、廉政

C. 公正、客观、廉政、保密　　　D. 技能、保密、廉政、客观

【答案】　D

【解析】　选项 A,职业道德中没有独立这一项;选项 B,公正和客观都是在说可信性,缺乏了保密这部分;选项 C,缺了技能这一部分;选项 D 中,廉政就是正直性,而客观则是可信性。

思考与练习

一、单项选择题

1. 下列各项中,与传统的财务会计概念相对立而存在的是(　　)。

    A. 现代会计　　　B. 企业会计　　　C. 管理会计　　　D. 管理会计学

2. 下列关于管理会计的描述中,不正确的是(　　)。

    A. 管理会计是从传统会计中派生出来的

    B. 管理会计的实质是会计与管理的融合

    C. 管理会计是面向过去的会计

    D. 管理会计的重点是规划未来

3. 管理会计的服务侧重于(　　)。

A. 股东 B. 外部集团
C. 债权人 D. 企业内部的经营管理

4. 以下关于现代管理会计采用的方法叙述中,正确的是( )。

A. 应用多种方法 B. 应用会计的方法
C. 只能用统计的方法 D. 只能用运筹学的方法

5. 管理会计为了有效地服务于企业内部的经营管理,必须( )。

A. 反映过去　　B. 反映现在　　C. 表述历史　　D. 面向未来

6. 现代管理会计是一门新兴的综合性交叉学科,它的基础是( )。

A. 现代管理科学 B. 财务会计学
C. 微观经济学 D. 统计学

7. 管理会计的功能作用最初体现在( )方面。

A. 成本决策 B. 财务管理
C. 成本计算 D. 成本管理

8. 现代管理会计中占核心地位的是( )。

A. 预测决策会计 B. 规划控制会计
C. 成本会计 D. 责任会计

9. 管理会计与财务会计最本质的区别在于( )。

A. 服务对象 B. 会计原则
C. 会计方法 D. 会计假设

10. 下列项目中,不属于管理会计系统能够提供的信息是( )。

A. 不发生法律效用的信息 B. 全面精确的信息
C. 非价值量信息 D. 定性信息

二、多项选择题

1. 狭义管理会计的核心内容为( )。

A. 以企业为主体活动
B. 为企业管理当局的目标服务
C. 是一个信息系统
D. 为股东、债权人、制度制定机构及税务等非管理机构服务

2. 管理会计是由许多因素共同作用的必然结果,其中内在因素包括( )。

A. 社会生产力的进步 B. 现代化大生产
C. 高度繁荣的生产经济 D. 资本主义社会制度

3. 在以成本控制为基本特征的管理会计阶段，管理会计的主要内容包括（　　）。

A. 标准成本　　　B. 预算控制　　　C. 决策　　　D. 差异分析

4. 下列关于管理会计与财务会计的关系的说法中，正确的有（　　）。

A. 管理会计与财务会计的最终目标是相同的

B. 管理会计的基本信息来自财务会计

C. 管理会计和财务会计的报告期间相同

D. 管理会计主要提供的是对外的报告，而财务会计主要提供的是对内的报告

5. 在世界上有较大影响的管理会计专业机构有（　　）。

A. CIMA　　　　　　　　　B. ACMA

C. IMA　　　　　　　　　　D. CMA

三、判断题

1. 因为管理会计最初出现在西方社会，所以可以断定它是资本主义的必然产物。（　　）

2. 通过研究新型的管理会计与传统的财务会计之间的联系及区别，可以帮助人们深刻理解管理会计特点的关键所在。（　　）

3. 机会成本、边际成本、边际收益是管理会计常用的概念。（　　）

4. 财务会计为管理会计提供资料。（　　）

5. 相对于财务会计而言，目前的管理会计体系更具有统一性和规范性。（　　）

6. 管理会计与财务会计对企业的经营活动及其他经济事项的确认标准是一致的、相同的。（　　）

7. 管理会计处理财务信息，不处理非财务信息。（　　）

8. 在准确性和及时性之间，管理会计更重视准确性，以确保信息的质量。（　　）

9. 管理会计提交报告的对象局限于企业内部各管理层次。（　　）

10. 管理会计信息同时为内部管理当局和外部使用者所用，因此必须遵守公认会计准则。（　　）

第二章 变动成本法

重点、难点讲解及典型例题

一、成本性态分类

成本性态也称为成本习性,是指成本总额对业务总量(产量或销售量)的依存关系。

1. 固定成本

固定成本是指总额在一定期间和一定业务量范围内,不受业务量变动的影响而保持固定不变的成本。固定成本总额不变,单位固定成本呈反比例变动。

2. 变动成本

变动成本是指在一定期间和一定业务量范围内其总额随着业务量的变动而呈正比例变动的成本。变动成本总额呈正比例变动,单位变动成本不变。

3. 混合成本

混合成本是介于固定成本和变动成本之间,既随业务量变动又不呈正比例变化的成本。混合成本可以分为标准式混合成本、阶梯式混合成本与低坡式混合成本。

【例题 2-1·单项选择题】 在相关范围内,单位变动成本(   )。

A. 随业务量增加而增加   B. 随业务量增加而减少

C. 不随业务量发生增减变动   D. 在不同的产量水平各不相同

【答案】 C

【解析】 单位变动成本不随业务量的变化而变化,变动成本总额与业务量呈正比例变动。

【例题 2-2·多项选择题】 在我国工业企业制造费用中,不随产量变动的固定成本包括(   )。

A. 租赁费   B. 办公费、差旅费

C. 劳动保护费   D. 管理人员工资

【答案】 ABCD

【解析】 选项 ABCD 均为固定成本。

二、混合成本分解

混合成本的分解方法有很多,通常有历史资料分析法、账户分析法和工程分析法。

1. 历史资料分析法

历史资料分析法的基本做法就是根据以往若干时期(若干月或若干年)的数据所表

现出来的实际成本与业务量之间的依存关系来描述成本性态,并以此来确定决策所需要的未来成本数据。历史资料分析法通常分为高低点法、散布图法和回归直线法三种。

2. 账户分析法

账户分析法是根据各个成本、费用账户(包括明细账户)的内容,直接判断其与业务量之间的相互变动关系,从而确定其成本性态的一种成本分解方法。

3. 工程分析法

工程分析法是运用工业工程的研究方法来研究影响各有关成本项目数额大小的每个因素,在此基础上,直接估算出固定成本和单位变动成本的一种成本分解方法。

【例题2-3·多项选择题】 采用高低点法分解混合成本时,应当选择(　　)作为低点和高点。

A. 50,100　　B. 60,120　　C. 50,120　　D. 70,130

【答案】　AD

【解析】　高低点法中,应该选择业务量的高点和低点,以及其对应的成本。

三、变动成本法与完全成本法

1. 变动成本法

变动成本法是指在计算产品成本时,其生产成本和存货成本中只包括变动性生产成本而不包括固定成本的一种成本计算方法。在这种方法下,产品生产成本只包括直接人工、直接材料和变动制造费用,固定成本(包括固定制造费用)都作为期间成本列入当期收益表内,从营业收入中扣除。

2. 完全成本法

完全成本法是指在计算产品成本时,其生产成本和存货成本既包括变动性生产成本,又包括固定成本的一种成本计算方法。在这种方法下,产品生产成本除了包括直接材料、直接人工、变动制造费用,还包括固定制造费用。

【例题2-4·多项选择题】 变动成本法下,产品成本包括(　　)。

A. 直接材料　　　　　　B. 直接人工
C. 变动制造费用　　　　D. 固定制造费用

【答案】　ABC

【解析】　产品成本只包括直接人工、直接材料和变动制造费用,固定成本(包括固定制造费用)都作为期间成本列入当期收益表内,从营业收入中扣除。

【例题2-5·判断题】 客观上,变动成本法有刺激销售的作用。也就是说,在一定意义上,变动成本法强调了固定制造费用对企业利润的影响。

【答案】 √

【解析】 变动成本法下,销量越多,利润越多,固定制造费用一次扣除,强调了销售的作用。

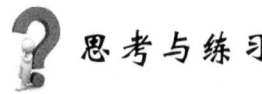

思考与练习

一、单项选择题

1. 将全部成本分为固定成本、变动成本和混合成本所采用的分类标志是(　　)。
   A. 成本的目标　　　　　　　B. 成本的可辨认性
   C. 成本的经济用途　　　　　D. 成本的性态

2. 在不改变企业生产经营能力的前提下,采取降低固定成本总额的措施通常是降低(　　)。
   A. 约束性固定成本　　　　　B. 酌量性固定成本
   C. 半固定成本　　　　　　　D. 单位固定成本

3. 变动成本法的产品成本是指(　　)。
   A. 固定生产成本　　　　　　B. 变动生产成本
   C. 固定非生产成本　　　　　D. 变动非生产成本

4. 完全成本法的期间成本是指(　　)。
   A. 直接材料　　B. 直接人工　　C. 制造费用　　D. 非生产成本

5. 某产品本期按完全成本法计算的本期单位产品成本为 14 元,本期产量为 500 件,销售量为 400 件,固定生产成本为 2 000 元,则按变动成本计算的本期单位产品成本为(　　)元。
   A. 14　　　　　B. 10　　　　　C. 9　　　　　D. 18

6. 某产品本期按变动成本法计算的销货成本为 50 000 元,期初无存货,本期产销量相等,本期发生的固定生产成本为 15 000 元,非生产成本为 13 000 元。则按完全成本法计算的销货成本为(　　)元。
   A. 35 000　　　B. 65 000　　　C. 78 000　　　D. 37 000

7. 在变动成本法下,固定生产成本作为期间成本(　　)转化为存货成本或销货成本。
   A. 可能　　　　　　　　　　B. 不可能
   C. 一定　　　　　　　　　　D. 上述选择都不正确

8. 变动成本法确定的产品成本（　　）完全成本法确定的产品成本。

　　A. 必然大于　　　　B. 必然小于　　　　C. 必然等于　　　　D. 不一定等于

9. 某企业只生产一种产品，本月份生产并销售产品 100 件，单位产品售价为 1 000 元，发生的变动生产成本为 30 000 元，变动管理费用和变动销售费用为 2 080 元，固定制造费用为 10 000 元，固定销售及管理费用为 40 000 元，按变动成本法计算，该企业实现的总利润为（　　）元。

　　A. 17 920　　　　B. 70 000　　　　C. 67 920　　　　D. 18 000

10. 造成"某期按变动成本法与完全成本法确定的营业净利润不相等"的根本原因是（　　）。

　　A. 两种方法对固定性制造费用的处理方式不同

　　B. 两种方法计入当期利润表的固定成本的水平不同

　　C. 两种方法下计算销售收入的方法不同

　　D. 两种方法将营业费用计入当期利润表的方式不同

11. 当期末存货量不为零，而期初存货量为零时，完全成本法确定的税前利润（　　）变动成本法确定的税前利润。

　　A. 必然大于　　　　B. 必然小于　　　　C. 必然等于　　　　D. 不一定等于

12. 按完全成本法确定的营业利润（　　）变动成本法确定的营业利润。

　　A. 总是大于　　　　　　　　　　　B. 总是小于

　　C. 总是等于　　　　　　　　　　　D. 可能大于、可能小于、也可能等于

二、多项选择题

1. 固定成本具有的特征有（　　）。

　　A. 固定成本总额的不变性

　　B. 单位固定成本呈反比例变动性

　　C. 固定成本总额呈正比例变动性

　　D. 单位固定成本的不变性

2. 在我国，下列成本项目中，属于固定成本的有（　　）。

　　A. 按直线法计提的折旧费用　　　　B. 保险费

　　C. 广告费　　　　　　　　　　　　D. 生产工人工资

3. 下列选项中，关于固定成本的说法正确的有（　　）。

　　A. 固定成本总额总是不随业务量的变动而变动

　　B. 随着产量的上升，单位固定成本会下降

C. 固定成本总是针对某一相关范围内而言

D. 酌量性固定成本可以由管理人员控制

4. 变动成本具有的特征有(　　)。

　A. 变动成本总额的不变性　　　　B. 单位变动成本的不变性

　C. 变动成本总额呈反比例变动性　　D. 变动成本总额呈正比例变动性

5. 下列成本中,属于变动成本的有(　　)。

　A. 直接材料　　　　　　　　　　B. 直接人工

　C. 折旧费用　　　　　　　　　　D. 管理人员工资

6. 在相关范围内固定不变的有(　　)。

　A. 固定成本　　　　　　　　　　B. 单位产品固定成本

　C. 变动成本　　　　　　　　　　D. 单位变动成本

7. 混合成本的分解方法有(　　)。

　A. 历史资料分析法　　　　　　　B. 高低点法

　C. 散布图法　　　　　　　　　　D. 账户分析法

8. 变动成本的理论依据为(　　)。

　A. 产品成本只包括生产成本　　　B. 固定生产成本作为期间成本处理

　C. 制造费用应作为期间成本处理　D. 产品成本只应包括变动生产成本

9. 变动成本法与完全成本法相比较,其特点有(　　)。

　A. 应用时必须把成本分为固定成本和变动成本

　B. 产品成本只包括变动生产成本

　C. 期间成本包括固定生产成本和非生产成本

　D. 计算的销货成本较完全成本法低

10. 下列选项中,能影响完全成本法与变动成本法分期营业净利润差额水平的因素有(　　)。

　A. 销售收入　　　　　　　　　　B. 非生产成本

　C. 固定制造费用　　　　　　　　D. 期初与期末存货量

三、判断题

1. 折旧费用均属于间接成本,并属于企业的制造费用内容。　　　　　　(　　)

2. 非生产工人的工资及福利费应列作企业的非生产成本。　　　　　　(　　)

3. 固定成本是指其总额在一定期间内不受业务量的影响而保持固定不变的成本。

(　　)

4. 固定成本的总额无法变动,只能通过提高产品产量来降低单位成本。 （   ）

5. 若从单位业务量所负担固定成本多寡的角度来考察,固定成本则是一个变量。
（   ）

6. 由于酌量性固定成本的大小完全取决于管理当局的决定,它并不能形成顾客所认为的价值,因此,在进行成本控制时应尽量压缩其总量。 （   ）

7. 约束性固定成本作为经营能力成本这一属性决定了该项成本的预算期通常比较长,约束性固定成本预算应着眼于经济、合理的利用企业的经营管理能力。 （   ）

8. 管理者短期决策行为影响酌量性固定成本而不影响约束性固定成本。 （   ）

9. 在相关范围内,固定成本总额和单位固定成本均具有不变性。 （   ）

10. 单位变动成本性态模式在以业务量为横轴、单位成本为纵轴的直角坐标系中,反映为一条与纵轴平行的直线。 （   ）

11. 在相关范围内,变动成本总额和单位变动成本均具有不变性。 （   ）

12. 在成本水平波动频繁的企业,运用高低点法进行成本性态分析具有实际意义。
（   ）

13. 与散布图法相比,高低点法计算更简便、更易理解、更科学。 （   ）

14. 在一定条件下,混合成本可以用一元直线方程来模拟。 （   ）

15. 工程分析法是一种相对独立的分析方法,只能适用于缺乏历史成本数据的情况。
（   ）

16. 完全成本法下对固定成本的补偿由当期销售的产品承担,期末未销售的产品与当期已销售的产品承担着不同的份额。 （   ）

四、简答题

1. 简述运用高低点法分解混合成本的基本做法和需要注意的问题。
2. 分别说明散布图法、账户分析法、工程分析法分解混合成本的做法和步骤。
3. 试比较说明与历史资料分析法、账户分析法相比,工程分析法的优点。
4. 高低点法应用的原理是对哪些管理会计概念的应用?
5. 完全成本法与变动成本法各有什么特点?两种方法之间的差异主要表现在哪些方面?
6. 试从报告和管理的角度思考:变动成本法能否取代完全成本法?

五、计算题

1. 假定某企业 2×22 年 12 个月的产量和电费支出的有关数据如表 2-1 所示。

表 2-1　电费支出数据

月份	产量(件)	电费(元)
1	800	2 000
2	600	1 700
3	900	2 250
4	1 000	2 550
5	800	2 150
6	1 100	2 750
7	1 000	2 460
8	1 000	2 520
9	900	2 320
10	700	1 950
11	1 100	2 650
12	1 200	2 900

要求：(1) 采用高低点法对该企业的电费进行分解，并建立电费的成本模型。

(2) 采用回归直线法对该企业的电费进行分解，并建立电费的成本模型。

2. 假设某企业的某一生产车间作为分析对象。该车间只生产一种产品，2×22年3月产量为1 000件，其成本数据如表2-2所示。

表 2-2　成本数据表　　　　　　　　　　　单位：元

账户	总成本
生产成本——材料	240 000
——工资	30 000
制造费用——燃料、动力	12 000
——修理费	4 000
——工资	8 000
——折旧费	20 000
——办公费	6 000
合计	320 000

要求：(1) 采用账户分析法对该车间的成本进行分析，并建立成本模型。

(2) 当该年4月份产量为1 200件时，预测成本总额。

3. 设某粉末冶金车间对精密金属零件采取一次模压成型、电磁炉烧结的方式加工。如果以电费作为成本研究对象,经观察,电费成本开支与电磁炉的预热和烧结两个过程的操作有关。按照最佳的操作方法,电磁炉从开始预热至达到可烧结的温度需耗电 1 500 千瓦时,烧结每千克零件耗电 500 千瓦时。每一工作日加工一班,每班电磁炉预热一次,全月共 22 个工作日。电费价格为 0.7 元/千瓦时。

要求:采用工程分析法对该车间的电费进行分析,并建立成本模型。

4. 锦鸿工厂本期生产一种产品,共计 1 250 件,售价为 40 元/件。期初存货为零。期末存货为 250 件,本期销售 1 000 件。生产该产品共发生直接材料费 8 000 元,直接人工费 3 000 元,制造费用 14 000 元(其中,变动制造费用为 5 000 元,固定制造费用为 9 000 元),变动销售及管理费用 750 元,固定销售及管理费用 4 000 元。

要求:(1) 采用完全成本法计算该产品的产品成本、期间成本及税前利润。

(2) 采用变动成本法计算该产品的产品成本、期间成本及税前利润。

5. 已知:乙企业只生产经营一种产品,期初无存货,本期投产完工 4 000 件,销售 3 000 件,期末存货量为 1 000 件,销售单价为 20 元/件。本月生产成本资料为:单位直接材料为 6 元、单位直接人工为 3 元、单位变动制造费用为 1 元,固定制造费用为 10 000 元,销售费用为 1 600 元,管理费用为 2 800 元,财务费用为 600 元。

要求:(1) 计算完全成本法下的产品成本、期间成本和税前利润。

(2) 计算变动成本法下的产品成本、期间成本和税前利润。

6. 假设某企业从事单一产品生产,连续 3 年的产量均为 600 件,而 3 年的销售量分别为 600 件、500 件和 700 件,单位产品售价为 150 元,管理费用与销售费用年度总额为 20 000 元,且全部为固定成本。与产品成本计算有关的数据:单位产品变动成本(包括直接材料、直接人工和变动制造费用)为 80 元,固定制造费用为 12 000 元(完全成本法下每件产品分摊 20 元,即 12 000÷600)。

要求:根据上述资料分别采用变动成本法与完全成本法计算税前利润。

7. 假设某企业从事单一产品生产,连续 3 年的销量均为 600 件,而 3 年的产量分别为 600 件、700 件和 500 件,单位产品售价为 150 元,管理费用与销售费用年度总额为 20 000 元,且全部为固定成本。与产品成本计算有关的数据:单位产品变动成本(包括直接材料、直接人工和变动制造费用)为 80 元,固定制造费用为 12 000 元。

要求:根据上述资料分别采用变动成本法与完全成本法计算税前利润。

第三章 本-量-利分析

重点、难点讲解及典型例题

一、本-量-利分析的基本假设

本-量-利分析是对成本、产量(或销量)、利润之间相互关系进行分析的一种简称。其假设主要包括：

(1) 相关范围假设。
(2) 模型线性假设。
(3) 产销平衡假设。
(4) 品种结构不变假设。

二、贡献毛益及相关指标计算

1. 贡献毛益

贡献毛益是指产品的销售收入与相应的变动成本之间的差额,又称边际贡献或贡献边际,单位贡献毛益是指单位产品所提供的贡献毛益。

2. 贡献毛益率

贡献毛益率是指贡献毛益总额占销售收入的比重。

3. 变动成本率

变动成本率是指变动成本在销售收入中的比重。

【例题 3-1·单项选择题】 某产品贡献毛益率为 40%,单位变动成本为 36 元,该产品单价为( )元。

A. 50.4　　　　B. 90　　　　C. 60　　　　D. 72

【答案】 C

【解析】 贡献毛益率=贡献毛益÷销售收入=(单价-单位变动成本)÷单价,单位变动成本 36 元,贡献毛益率 40%,则单价为 60 元。

三、保本分析

1. 保本点的含义

保本点是指企业达到盈亏平衡状态(即利润为零)时的销售量或销售额。在该销售量或销售额下,企业的收入正好等于全部成本,即企业利润为零。

2. 保本点计算

保本点相关计算公式如下：

$$保本点销售量 = \frac{固定成本}{单价 - 单位变动成本}$$

$$保本点销售额 = \frac{固定成本}{单价 - 单位变动成本} \times 单价$$

【例题 3-2·单项选择题】 某产品单价为 20 元,固定成本为 40 000 元,贡献毛益率为 40%,则保本量为（　　）件。

A. 100 000　　　B. 2 000　　　C. 25 000　　　D. 5 000

【答案】 D

【解析】 贡献毛益率＝贡献毛益÷销售收入＝(单价－单位变动成本)÷单价,单价 20 元,贡献毛益率 40%,则单位变动成本为 12 元。根据本量利基本公式:利润＝收入－变动成本－固定成本,则保本量为 5 000 件。

【例题 3-3·单项选择题】 贡献毛益率与变动成本率之间的关系是（　　）。

A. 企业的变动成本率高,则贡献毛益率也高
B. 变动成本率高,则贡献毛益率低
C. 变动成本率与贡献毛益率两者没有关系
D. 变动成本率是贡献毛益率的倒数

【答案】 B

【解析】 变动成本率＋贡献毛益率＝1,则变动成本率高,贡献毛益率低。

四、企业经营安全程度的评价指标

1. 安全边际

安全边际是指根据现有或预计的销售业务量(包括销售量和销售额两种形式)与保本点业务量之间的差量所确定的定量指标。

2. 保本点作业率

保本点作业率是指保本点业务量占实际业务量的百分比。

【例题 3-4·多项选择题】 企业经营安全程度的评价指标包括（　　）。

A. 保本点　　B. 安全边际量　　C. 安全边际额　　D. 安全边际率

【答案】 BCD

【解析】 企业经营安全程度的评价指标包括安全边际和保本点作业率。

【例题 3-5·多项选择题】 在销售量不变的情况下,如果保本点提高,则（　　）。

A. 盈利区的三角形面积有所扩大　　B. 盈利区的三角形面积有所缩小

C. 亏损区的三角形面积有所扩大　　D. 亏损区的三角形面积有所缩小

【答案】　BC

【解析】　保本点提高,则盈利减少,盈利区的三角形面积缩小,亏损区面积扩大。

五、多品种条件下的本-量-利分析

1. 加权平均法

加权平均法是指在掌握每种产品本身的边际贡献率的基础上,按各种产品销售额的比重进行加权平均,据以计算综合贡献边际率,进而计算多品种保本量和保本额的一种方法。

2. 联合单位法

联合单位法是将按一定固定销售比例组成的一组产品作为一个联合单位,再在计算联合单价、联合单位变动成本的基础上进行本-量-利分析的一种方法。

【例题3-6·判断题】　在多产品条件下,若其他因素不变,只要提高边际贡献率较大产品的销售比重,就可以降低全厂综合保本额和保利额。

【答案】　√

【解析】　提高边际贡献率较大产品的销售比重,则加权平均贡献毛益率提高,综合保本额和保利额降低了。

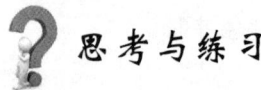

思考与练习

一、单项选择题

1. 某企业只生产一种产品,单价为6元,单位变动生产成本为4元,单位销售和管理变动成本为0.5元,销量为500件,则其产品边际贡献为(　　)元。

　　A. 650　　　　B. 750　　　　C. 850　　　　D. 950

2. 某产品贡献毛益率为30%,单位变动成本为70元,则该产品单价为(　　)元。

　　A. 50.4　　　B. 100　　　　C. 60　　　　D. 72

3. 贡献毛益率和变动成本率之间的关系是(　　)。

A. 变动成本率越高,则贡献毛益率也高

B. 变动成本率与贡献毛益率之和等于1

C. 贡献毛益率和变动成本率两者没有关系

D. 变动成本率是贡献毛益率的倒数

4. 某产品单价为 20 元,固定成本为 50 000 元,贡献毛益率为 40%,则保本量为( )件。

    A. 100 000   B. 2 000   C. 6 250   D. 5 000

5. 下列指标中,可用以判断企业经营安全程度的指标是( )。

    A. 保本量   B. 边际贡献   C. 保本作业率   D. 保本额

6. 已知产品销售单价为 24 元,保本销售量为 150 件,销售额可达 4 800 元,则安全边际率为( )。

    A. 33.33%   B. 25%   C. 50%   D. 20%

7. 某企业只生产一种产品,其单位变动成本为 36 元,固定成本总额为 2 800 元,单价为 50 元,要使安全边际率达到 50%,该企业的销售量应达到( )件。

    A. 400   B. 222   C. 143   D. 500

8. 某企业保本作业率为 60%,安全边际量为 500 件,则该企业实际销售量为( )件。

    A. 800   B. 833   C. 1 250   D. 1 500

9. 当产品单价为 100 元,边际贡献率为 30%,安全边际量为 1 000 件时,企业可以实现利润( )元。

    A. 2 500   B. 100 000   C. 60 000   D. 30 000

10. 某产品销售收入为 800 元,保本额为 500 元,变动成本率为 65%,则该产品的利润为( )元。

    A. 105   B. 280   C. 175   D. 195

11. 某产品保本点为 1 000 台,实际销售 1 500 台,每台单位贡献毛益为 10 元,则实际获利额为( )元。

    A. 15 000   B. 10 000   C. 25 000   D. 5 000

12. 保本作业率与安全边际率之间的关系是( )。

    A. 两者相等   B. 前者一般大于后者

    C. 后者一般大于前者   D. 两者之和等于 1

13. 下述因素中,会导致保本销售量上升的是( )。

    A. 销售量上升   B. 产品单价下降

    C. 固定成本下降   D. 产品单位变动成本下降

14. 当单价上涨,而其他因素不变时,会引起( )。

    A. 保本点和保利点降低,安全边际降低,利润减少

B. 保本点和保利点上升,安全边际上升,利润增加

C. 保本点和保利点上升,安全边际降低,利润减少

D. 保本点和保利点降低,安全边际上升,利润增加

15. 当单位变动成本单独变动时,则（　　）。

  A. 会使保本点同方向变动　　　　B. 会使安全边际同方向变动

  C. 会使利润同方向变动　　　　　D. 会使保利点反方向变动

16. 如果产品的单价和单位变动成本上升百分率相同,其他因素不变,则保本销售量（　　）。

  A. 不变　　　　B. 上升　　　　C. 下降　　　　D. 不确定

17. 某产品每月固定成本为1 000元,单价10元,计划销售量600件,欲实现目标利润800元,其单位变动成本为（　　）元。

  A. 10　　　　B. 9　　　　C. 8　　　　D. 7

18. 已知A企业为生产和销售单一产品企业。A企业计划年度销售量为1 000件,销售单价为50元,单位变动成本30元,固定成本总额25 000元,则销售量、单价、单位变动成本、固定成本各因素的敏感程度由高到低的排序是（　　）。

  A. 单价＞销售量＞单位变动成本＞固定成本

  B. 单价＞单位变动成本＞销售量＞固定成本

  C. 单价＞单位变动成本＞固定成本＞销售量

  D. 单价＞销售量＞固定成本＞单位变动成本

二、多项选择题

1. 本量利分析的基本假设有（　　）。

  A. 相关范围假设　　　　　　　B. 模型线性假设

  C. 产销平衡假设　　　　　　　D. 品种结构不变假设

2. 贡献毛益率的计算公式可以表示为（　　）。

  A. 1－变动成本率　　　　　　B. 贡献毛益÷销售收入

  C. 固定成本÷保本销售量　　　D. 单位贡献毛益÷单价

3. 下列说法中,正确的有（　　）。

  A. 安全边际与单价呈同方向变动

  B. 安全边际与单位变动成本呈同方向变动

  C. 安全边际与固定成本呈同方向变动

  D. 安全边际与销售量呈同方向变动

4. 安全边际率等于（　　）
   A. 安全边际量÷实际销售量　　　　B. 安全边际额÷实际销售额
   C. 1－保本作业率　　　　　　　　　D. 1－贡献毛益率
5. 下列两个指标之和为 1 的有（　　）。
   A. 变动成本率＋安全边际率＝1　　B. 贡献毛益率＋安全边际率＝1
   C. 贡献毛益率＋变动成本率＝1　　D. 安全边际率＋保本作业率＝1
6. 判断企业处于保本状态的标志有（　　）。
   A. 收支相等　　　　　　　　　　　B. 贡献毛益等于固定成本
   C. 安全边际量等于零　　　　　　　D. 保本作业率为 100%
7. 若企业处于保本状态，则有（　　）。
   A. 保本点作业率为 0　　　　　　　B. 安全边际率为 0
   C. 保本点作业率为 100%　　　　　 D. 安全边际率为 100%
8. 影响保本点的因素包括（　　）。
   A. 单价　　　B. 单位变动成本　　C. 固定成本　　D. 目标净利润
9. 从保本图得知（　　）。
   A. 保本点左边，成本大于收入，是亏损区
   B. 销售量一定的情况下，保本点越高，盈利区越小
   C. 实际销售量超过保本点销售量的部分就是安全边际
   D. 在其他因素不变的情况下，保本点越低，盈利面积越小
10. 下列条件中，能使保本点提高的有（　　）。
    A. 单价降低　　　　　　　　　　　B. 单位变动成本降低
    C. 销售量提高　　　　　　　　　　D. 固定成本提高

三、判断题

1. 成本按性态划分的基本假设同时也是本量利分析的基本假设。　　　　（　　）
2. 变动成本率高的企业，贡献毛益率也高，创利能力也大。　　　　　　（　　）
3. 超过保本点以上的安全边际所提供的贡献毛益就是企业的利润。　　　（　　）
4. 在传统式盈亏临界图中，总成本既定的情况下，销售价格越高，盈亏临界点越高；反之，盈亏临界点越低。　　　　　　　　　　　　　　　　　　　　　　　（　　）
5. 保本点不变，业务量越大，则能实现的利润也越多。　　　　　　　　（　　）
6. 单一品种情况下，盈亏临界点的销售量随着贡献毛益率的上升而上升。（　　）
7. 产品单价单独变动时，会使安全边际呈同方向变动。　　　　　　　　（　　）

8. 某一因素的敏感系数为负号,表明该因素的变动与利润的变动为反向关系;如为正号,表明是同向关系。   (   )

9. 单价的敏感程度肯定大于销售量的敏感程度。   (   )

10. 从单价的敏感系数特征来看,涨价是企业提高盈利最直接、最有效的手段。(   )

四、简答题

1. 试说明本量利分析"相关范围假设"的具体含义。
2. 贡献毛益式本量利关系图与传统式本量利关系图有什么区别?
3. 试比较利润对固定成本、单位变动成本、单价以及销售量等因素变化的敏感程度。

五、计算题

1. 已知:某公司只生产一种产品,2×22 年销售收入为 1 000 万元,税前利润为 100 万元,变动成本率为 60%。

要求:(1) 计算该公司 2×22 年的固定成本。

(2) 假定 2×23 年该公司只追加 20 万元的广告费,其他条件均不变,计算该年的固定成本。

2. 某公司 2×23 年预计销售某种产品 50 000 件,若该产品变动成本率为 50%,安全边际率为 20%,单位贡献毛益为 15 元。

要求:(1) 预测 2×23 年该公司的保本销售额。

(2) 2×23 年该公司可获得多少税前利润?

3. 已知:某公司只销售一种产品,2×22 年单位变动成本为 12 元/件,变动成本总额为 60 000 元,共获税前利润 18 000 元,若该公司计划于 2×23 年维持销售单价不变,变动成本率仍维持 2×22 年的 40%。

要求:(1) 预测 2×23 年的保本销售量。

(2) 若 2×23 年的计划销售量比 2×22 年提高 8%,则可获得多少税前利润?

4. 某企业计划期预计产销甲产品 120 台,每台售价为 5 000 元,单位变动成本为 3 000 元,固定成本总额为 10 万元。

要求:(1) 计算计划期盈亏临界点销售量及销售额。

(2) 计算安全边际量、安全边际额、安全边际率和盈亏临界点作业率。

(3) 计算预计可能实现的利润。

5. 某企业产销 H 产品,单位贡献毛益为 40 元,变动成本率为 60%,安全边际率为 35%,产品销售量为 5 000 件。

要求:(1) 计算盈亏临界点销售额。

(2) 计算可实现的利润。

(3) 计算销售利润率。

6. 某公司在计划期生产并销售甲、乙、丙三种产品,其固定成本总额为 45 000 元,其他资料如表 3-1 所示。

表 3-1 资 料 表　　　　　　　　　　　　金额单位:元

项目	甲	乙	丙
单价	100	200	500
单位变动成本	85	160	250
销售量(件)	1 000	250	100

要求:(1) 计算三种产品的加权平均贡献毛益率。

(2) 计算三种产品的盈亏临界点销售额。

(3) 计算每种产品的盈亏临界点销售额及销售量。

(4) 预测公司计划期可能实现的利润。

7. 某公司每月固定成本 18 500 元,生产三种产品,资料如表 3-2 所示。

表 3-2 资 料 表　　　　　　　　　　　　单位:元

产品	单价	单位变动成本	销售额所占比重
甲	100	60	50%
乙	50	30	30%
丙	80	60	20%

要求:(1) 计算加权平均贡献毛益率和综合盈亏临界点销售额。

(2) 计算各产品的盈亏临界点销售额和销售量。

(3) 计算销售额为 80 000 元时的利润。

8. 某企业本年度同时生产甲、乙、丙三种产品(假定产销平衡),其产量、单价和成本数据如表 3-3 所示,固定成本总额为 40 000 元,在单价和成本水平都不变的情况下,计划下年度实现 80 000 元的目标利润。

表 3-3 资 料 表　　　　　　　　　　　　金额单位:元

项目	甲	乙	丙
销售量(件)	1 000	2 000	3 000
单价	50	80	40
单位变动成本	30	55	30

要求：(1) 计算该企业本年度的目标利润。

(2) 用联合单位法计算下年度保本点销售量及各产品保本点销售量。

9. 某企业生产一种产品，单价为 500 元，单位变动成本为 300 元，固定成本总额为 100 000 元，预计下年度的目标利润为 200 000 元。

要求：(1) 计算盈亏临界点销售量及实现目标利润的销售量。

(2) 若价格提高 10%，其他因素不变，计算提价后的盈亏临界点销售量及保利点的销售量。

(3) 若单位变动成本提高 10%，其他因素不变，计算单位变动成本提高后的盈亏临界点销售量及保利点的销售量。

(4) 若固定成本提高 10%，其他因素不变，计算固定成本提高后的盈亏临界点销售量和保利点销售量。

10. 某企业生产一种产品，单价为 500 元，单位变动成本为 320 元，本月固定成本总额为 80 000 元，产品销售量为 1 000 件，本月实现利润为 100 000 元。

要求：(1) 企业为争取实现 120 000 元的目标利润，准备采取薄利多销的经营方式，拟降价 10%，则实现目标利润的产销量应增加到多少？

(2) 若销售部门根据市场调查认为，降价后的销售量能达到 1 350 件，则应将单位变动成本降低至多少？

(3) 若生产部门认为经过努力，单位变动成本能降到 318 元，则固定成本应压缩到多少才能实现目标利润？

第四章 经营预测

重点、难点讲解及典型例题

一、定量销售预测

定量销售预测是对与销售有关的各种经济信息进行科学的加工处理,建立相应的数学模型,充分揭示各有关变量之间的规律性联系并作出相应的预测结论。

1. 趋势预测分析法

趋势预测分析法是指根据企业历史的、按发生时间的先后顺序排列的一系列销售数据,应用一定数学方法进行加工处理,按时间数列找出随销售时间而发展变化的趋势,由此推断其未来发展趋势的分析方法。常用的趋势分析法主要有算术平均法、移动平均法、趋势平均法和指数平滑法。

2. 因果预测分析法

因果预测分析法是指找到与产品销售(因变量)相关的因素(自变量)以及它们之间的函数关系,利用这种函数关系进行产品的销售预测的分析方法。因果预测分析法最常用的方法是回归分析法,回归分析法又包括回归直线法、对数直线法和多元回归法等。

【例题 4-1·单项选择题】 下列各种销售预测方法中,没有考虑远近期销售业务量对未来销售状况产生不同影响的方法是( )。

A. 移动平均法　　B. 算术平均法　　C. 加权平均法　　D. 指数平滑法

【答案】 B

【解析】 算术平均法使不同时期资料的差异简单平均化,没有考虑远近期销售业务量的变动对预测期销售状况的不同影响程度,使不同时期资料的差异简单平均化。

二、成本预测

1. 可比产品成本预测

可比产品是指以往年度正常生产过的产品,其过去的成本资料比较健全和稳定。首先,成本预测应确定初选目标成本,该目标成本可以选择某一先进的成本水平,也可以根据企业预测期的目标利润来预算;其次,进行初步成本预测,可以按上年预计平均单位成本预算预测期可比产品成本,也可以根据前 3 年可比产品资料预算预测期可比产品成本;最后,提出各种成本降低方案,正式确定目标成本。

2. 不可比产品成本预测

不可比产品成本是指企业以往年度没有正式生产过的产品,其成本水平无法与过去进行比较,因而不能像可比产品那样通过采用下达成本降低指标的方法控制成本支出。不可比产品成本预测方法包括技术测定法、产值成本法和目标成本法。

【例题 4-2·多项选择题】 不可比产品成本预测的主要方法有( )。

A. 技术测定法　　　　　　　　B. 产值成本法
C. 因果预测分析法　　　　　　D. 目标成本法

【答案】 ABD

【解析】 不可比产品成本预测的主要方法有技术测定法、产值成本法、目标成本法。

【例题 4-3·多项选择题】 在测算各项措施对产品成本的影响程度时,应抓住影响成本的重点因素进行测算。一般可以从节约原材料消耗和( )等方面进行测算。

A. 提高劳动生产率　　　　　　B. 合理利用设备
C. 节约管理费用　　　　　　　D. 减少废品损失

【答案】 ABCD

【解析】 在测算各项措施对产品成本的影响程度时,应抓住影响成本的重点因素进行测算。一般可以从节约原材料的消耗、提高劳动生产率、合理利用设备、节约管理费用、减少废品损失等方面进行测算。

三、利润预测

利润预测是按照企业经营目标的要求,通过对影响利润变化的成本、产销量等因素的综合分析,对未来一定时间内可能达到的利润水平和变化趋势所进行的科学预计和推测。利润预测是在销售预测和成本预测的基础上进行的。对利润预测方法包括直接预测法和因素分析法。

1. 直接预测法

直接预测法是指根据本期的有关数据,直接推算出预测期的利润数额的一种方法。预测时可根据利润的构成方式,分别预测营业利润、投资净收益、营业外收支净额,并将各部分预测数相加,得出利润预测数额。

2. 因素分析法

因素分析法是在本期已实现的利润水平基础上,充分估计预测期影响产品销售利润的各因素增减变动的可能,来预测企业下期产品销售利润的数额的一种方法。影响产品销售利润的主要原因有产品销售数量、产品品种结构、产品销售成本、产品销售价格及产品销售税金等。

【例题 4-4·多项选择题】 影响产品销售利润的主要因素有（　　）。

A．产品销售数量　　　　　　　　B．产品品种结构

C．产品销售成本　　　　　　　　D．产品销售价格

【答案】 ABCD

【解析】 影响产品销售利润的主要原因有产品销售数量、产品品种结构、产品销售成本、产品销售价格及产品销售税金等。

四、资金需要量预测

资金需要量预测是以预测期企业生产经营规模的发展和资金利用效果的提高等为依据，在分析有关历史资料、技术经济条件和发展规划的基础上，运用数学方法，对预测期资金需要量进行科学的预计和测算。常用的方法有资金增长趋势预测法和预计资产负债表法。

 思考与练习

一、单项选择题

1．（　　）是进行经营决策的基础。

A．本量利分析　　　　　　　　B．预测分析

C．成本控制　　　　　　　　　D．成本性态分析

2．（　　）是使用历史数据或因素变量来预测需求的数学模型。

A．定量预测　　　　　　　　　B．定性预测

C．全面预算　　　　　　　　　D．弹性预算

3．下列各项中，不属于定量分析法的是（　　）。

A．调查分析法　　　　　　　　B．算术平均法

C．回归分析法　　　　　　　　D．购买力指数法

4．平滑指数是一个经验数据，其取值范围一般为（　　）。

A．0.1～0.5　　B．0.2～0.6　　C．0.3～0.7　　D．0.4～0.8

5．某企业利用 0.4 的平滑指数进行销售预测，已知 2×21 年的实际销售量为 100 吨，预计销量比实际销量多 10 吨，2×22 年实际销量比预计销量少 6 吨，则该企业 2×23 年的预测销量为（　　）吨。

A．106.6　　　B．103.6　　　C．93.6　　　D．63.6

6. 在进行可比产品成本降低任务完成情况分析时,单纯产品产量的变动( )。

   A. 只影响成本降低额,不影响成本降低率

   B. 只影响成本降低率,不影响成本降低额

   C. 既影响成本降低额,也影响成本降低率

   D. 既不影响成本降低额,也不影响成本降低率

7. 如果某企业预计原材料消耗定额降低 3%,原材料价格平均降低 2%。基期直接材料占总成本的比重为 60%,则直接材料成本变动将使单位产品成本的降低百分比为( )。

   A. 1.8% B. 1.164% C. 0.036% D. 2.964%

8. 接题7,材料消耗定额降低影响的成本降低率为( )。

   A. 1.8% B. 1.164% C. 0.036% D. 2.964%

9. 接题7,材料价格变动影响的成本降低率为( )。

   A. 1.8% B. 1.164% C. 0.036% D. 2.964%

10. 不可比产品是指企业以往年度( )生产过,其成本水平无法与过去进行比较的产品。

    A. 没有   B. 没有正式

    C. 没有一定规模   D. 没有计划

二、多项选择题

1. 预测分析的原则或特征有( )。

   A. 依据的客观性   B. 方法的灵活性

   C. 资料的充分性   D. 成本效益性

2. 下列属于定性分析法的有( )。

   A. 判断分析法 B. 平滑指数法 C. 回归分析法 D. 调查分析法

3. 由于经济生活的复杂性,并非所有影响因素都可以通过定量进行分析,下列因素中,只有定性的特征的有( )。

   A. 市场前景 B. 政治形势 C. 宏观环境 D. 购买力指数

4. 属于趋势预测分析法的有( )。

   A. 移动平均法   B. 平滑指数法

   C. 回归分析法   D. 本量利分析法

5. 一般对加权平均法的评价有( )。

   A. 不能按统一的方法确定各期权数值

B. 没有考虑远近各期对未来的不同影响

C. 利用了 n 期全部历史资料

D. 计算过程简单,只适用于各项销售量比较稳定的情况

6. 在使用移动平均法进行销售预测时,认为预测期的销售量只受最近的 m 期业务量影响。其特点主要有( )。

A. 有助于消除远期偶然因素的不规则影响

B. 适用于各种产品的销售情况

C. 适用于销售业务略有波动的产品预测

D. 只考虑最后 m 期资料,缺乏代表性

7. 较大的平滑指数可用于( )情况的销售预测。

A. 近期   B. 远期   C. 波动较大   D. 波动较小

8. 下列各项关于销售预测的定量分析法的说法中,正确的有( )。

A. 指数平滑法实质上是一种加权平均法

B. 加权平均法权数的选取应遵循"近小远大"的原则

C. 加权平均法比算术平均法更适合在实践中应用

D. 算术平均法适用于每月销售量波动不大的产品的销售预测

9. 下列关于定量分析法和定性分析法的论述中,正确的有( )。

A. 定性分析法适用于缺乏完备的历史资料或有关变量问题间缺乏明显的数量关系等条件下的预测

B. 按预测的依据划分,定量分析法可以分为趋势预测分析法和因果关系预测分析法

C. 定性分析法与定量分析法在实际应用中是相互补充、相辅相成的

D. 定量分析法要求预测环境稳定,资料齐全

10. 成本远期预测通常用于分析宏观经济变动对企业成本的影响,主要包括( ),为企业确定中长期预算和年度预算提供资料。

A. 生产力布局变动   B. 经济结构变动

C. 价格变动   D. 公司人员变动

11. 成本降低方案的提出主要可以从( )三个方面着手,这些方案应该既能降低成本,又能保证生产和产品质量的需要。

A. 改进产品设计   B. 改善生产经营管理

C. 增加销售量   D. 控制管理费用

12. 下列各项中,技术经济指标的增长会使单位产品成本上升的有( )。

A. 材料消耗定额   B. 材料价格

C. 劳动生产率　　　　　　　D. 产量

13. 不可比产品成本预测的主要方法有(　　)。
A. 技术测定法　　　　　　　B. 产值成本法
C. 因果预测分析法　　　　　D. 目标成本法

三、判断题

1. 根据统计规律性假设,经营预测可以把未来作为过去和现在的延伸进行推测。(　　)

2. 在企业的所有预测中,销售预测处于先导地位,是其他各项预测的前提。(　　)

3. 企业进行销售量预测,必须具备齐全的销售量历史资料才能进行。(　　)

4. 凡是顾客数量有限,调查费用不高,每位顾客意向明确又不会轻易改变的,均可以采用调查分析法进行销售预测。(　　)

5. 销售预测中的算术平均法适用于销售量稳定,没有季节性波动的产品的预测。(　　)

6. 运用加权平均法进行销售预测的关键是按照各个观察值与预测值不同的相关程度分别规定适当的权数。(　　)

7. 当各历史期的销售量呈现增减趋势时,为了体现这种增减趋势,有必要将近期的观察值的权数规定得大一些,远期的观察值的权数规定得小一些,使预测值更为接近近期的观察值。(　　)

8. 如果指数平滑系数 a 的取值越大,则近期实际销售量对预测结果的影响也越小;如果 a 的取值越小,则近期实际销售量对预测结果的影响也越大。(　　)

9. 因果预测分析法下用于建立预测模型的"回归分析法"与趋势预测法所采用的"修正的时间序列回归法"的回归系数计算公式完全相同。(　　)

10. 劳动生产率的变动,与单位产品中工资费用的变动呈反比关系;而平均工资的增长,与单位产品中工资费用的增长呈正比关系。(　　)

11. 采用技术测定法对不可比产品成本进行预测,工作量较大,所以只对品种少、技术资料比较齐全的产品比较适用。(　　)

四、简答题

1. 提高产品功能与成本的比值的途径主要有哪些?
2. 算术平均法与加权平均法的适用范围是什么?

五、计算题

1. 某水泥厂通过调查发现,水泥的销售量与农村居民住房建筑许可证有很大的依存关系。已知本地区连续 6 年的历史资料如表 4-1 所示。

表 4-1　资　料　表

年份	2×17 年	2×18 年	2×19 年	2×20 年	2×21 年	2×22 年
居民住房建筑许可证(万个)	5	4	6	7	9	8
水泥销售量(万吨)	140	120	170	190	230	235

要求:(1) 用算术平均法预测该水泥厂 2×23 年水泥的销售量。

(2) 假设各年的权数依次是 0.1、0.1、0.1、0.15、0.25、0.3,用加权平均法预测该水泥厂 2×23 年水泥的销售量。

(3) 假设预计 2×23 年发放的农村居民住房建筑许可证为 10 万个,要求用回归直线法预测该水泥厂 2×23 年水泥的销售量。计算过程中相关数据如下:

$$\sum x = 39; \sum y = 1\,085; \sum xy = 7\,480;$$

$$\sum x^2 = 271; \sum y^2 = 207\,125$$

2. 假设中盛公司近 5 年某产品的产量及成本数据如表 4-2 所示。计划年度的预计产量为 850 台。

表 4-2　成 本 数 据 表

年份	产量(件)	单位产品成本(元)
1	500	70
2	600	69
3	400	71
4	700	69
5	800	65

要求:采用回归直线法预测计划年度产品的总成本和单位成本。

第五章　短期经营决策

重点、难点讲解及典型例题

一、产品功能成本决策

产品功能成本决策是将产品的功能(产品所担负的职能或所起的作用)与成本(为获得产品一定的功能必须支出的费用)对比,寻找降低产品途径的管理活动。

【例题5-1·判断题】 进行功能成本分析时,应选择价值系数高、成本降低潜力大的作为重点分析对象。 (　　)

【答案】 ×

【解析】 进行功能成本分析时,应选择价值系数低、成本降低潜力大的作为重点分析对象。

二、新产品决策

如果企业有剩余的生产能力可供使用,或者可以利用过时老产品腾出来的生产能力,在有几种新产品可供选择时,一般采用贡献毛益分析法或单位资源贡献毛益法进行决策。

【例题5-2·单项选择题】 当企业利用剩余生产能力选择生产新产品,而且每种新产品都没有专属成本时,应将(　　)作为选择标准。

A. 销售价格　　B. 成本　　C. 贡献毛益　　D. 产销量

【答案】 C

【解析】 新产品决策一般利用贡献毛益法或单位资源贡献毛益法进行决策,应比较不同决策的贡献毛益。

三、半成品深加工决策

半成品深加工决策是指企业对于那种既可以直接出售,又可以经过深加工变成产成品之后再出售的半成品所作的决策,又称为是否直接出售半成品的决策。此处可分为五种情况进行分析:企业已具备将全部半成品深加工为产成品的能力,且无法转移,半成品与产成品的投入产出比为1∶1;企业虽已具备100%的深加工能力,但能够转移;企业尚不具备深加工能力;企业已具备部分深加工能力;半成品与产成品的投入产出比不是1∶1。

【例题 5-3·单项选择题】 某企业生产某种半成品 2 000 件,完成一定加工工序后,可以立即出售,也可以进一步深加工之后再出售。如果立即出售,售价为 15 元/件,若深加工后出售,售价为 24 元/件,但要多付加工费 9 500 元,则直接出售方案的相关成本为( )元。

A. 48 000　　　　B. 30 000　　　　C. 9 500　　　　D. 0

【答案】 D

【解析】 若直接出售,就不用再加工,所以直接出售的相关成本为 0。

四、亏损产品决策

对于亏损产品,绝不能简单地予以停产,而必须综合考虑企业各种产品的经营状况、生产能力的利用以及有关因素的影响,在变动成本法的基础上,采用差量分析法进行计算后,作出停产、继续生产、转产或出租等最优选择。

【例题 5-4·判断题】 只要亏损产品能够提供贡献毛益额,就一定要继续生产;凡不能提供贡献毛益额的亏损产品,都应予以生产。　　　　　　　　　　　　　　(　　)

【答案】 ×

【解析】 对不提供贡献毛益额的亏损产品,不能不加区别地予以停产。首先,应在努力降低成本上做文章,以期转亏为盈;其次,应在市场允许的范围内通过适当提高售价来扭亏为盈;最后,应考虑企业的产品结构和社会效应的需要。

五、追加订货决策

追加订货是指在企业正常经营过程中,外单位临时提出的额外订货任务,即正常订货以外的订货。其主要分为以下几种情况:追加订货量小于企业的剩余生产能力,剩余生产能力无法转移,不涉及追加投入专属成本;追加订货量小于企业的剩余生产能力,且剩余生产能力可以转移,追加订货量小于企业的剩余生产能力,需追加投入专属成本;追加订货冲击正常生产任务。是否接受低价追加订货的决策一般采用"差别损益分析法",且往往涉及"接受追加订货"和"拒绝追加订货"两个备选方案。在该类决策中,拒绝追加订货方案的相关收入和相关成本均为零。接受追加订货方案的相关收入等于追加订货的价格与追加订货量的乘积,其相关成本要根据给定的条件来确定,一般需考虑变动成本、机会成本和专属成本。

【例题 5-5·单项选择题】 设一生产电子器件的企业为满足客户追加订货的需要,增加了一些成本支出,其中(　　)是专属固定成本。

A. 为及时完成该批产品的生产,而要购入一台新设备

B. 为及时完成该批追加订货,需要支付职工加班费
C. 生产该批产品机器设备增加的耗电量
D. 该厂为生产该批产品及以后的生产建造了一间新的厂房

【答案】 A

【解析】 选项A,购入一台新设备,是专门追加订货增加的,是专属固定成本;选项BC,不是固定成本,是变动成本;选项D,不是专属固定成本,以后的生产也会用到。

六、自制外购决策

【例题5-6·单项选择题】 设某厂需要零件甲,其外购单价为10元。若自行生产,单位变动成本为6元,且需要为此每年追加8 000元的固定成本,通过计算可知,当该零件的年需要量为( )件时,两种方案等效。

A. 2 500   B. 3 000   C. 2 000   D. 1 800

【答案】 C

【解析】 设零部件需要量为x,则两种方案成本无差别点:$10x = 6x + 8\,000$,则$x = 2\,000$(件),则该零件的年需要量为2 000件时,两种方案等效。

七、产品组合优化决策

在多品种产品的生产过程中,各种产品的生产都离不开一些必要的条件或因素,如机器设备、人工、原材料等,而其中有些因素可以用于不同产品的生产,如果各种产品共用一种或几种因素,而这些因素又是有限的,就应使各种产品的生产组合达到最优化的结构,以便有效、合理地使用这些限制因素。产品组合优化决策就是通过计算、分析而作出各种产品应生产多少,才能使各个生产因素得到合理、充分的利用,并能获得最大利润的决策。对于产品组合优化决策,本节主要采用图解法。

【例题5-7·单项选择题】 在确定两种产品生产的最优组合时,运用线性规划方法,得到产品组合的可行解区域:$A(0, 0)$, $B(0, 60)$, $C(40, 0)$, $D(25, 35)$,则总贡献毛益$(S) = 3X_1 + 2X_2$的最大值为( )元。

A. 120   B. 150   C. 175   D. 145

【答案】 D

【解析】 选项A,$S = 0$;选项B,$S = 3 \times 0 + 2 \times 60 = 120$;选项C,$S = 3 \times 40 + 2 \times 0 = 120$;选项D,$S = 3 \times 25 + 2 \times 35 = 145$。

思考与练习

一、单项选择题

1. 下列成本中,属于相关成本的是( )。
   A. 可避免成本　　　　　　　　B. 共同成本
   C. 不可延缓成本　　　　　　　D. 沉没成本

2. 下列成本中,属于无关成本的是( )。
   A. 沉没成本　　B. 专属成本　　C. 可避免成本　　D. 增量成本

3. 剩余贡献毛益与贡献毛益之差为( )。
   A. 变动成本　　　　　　　　　B. 固定成本
   C. 专属成本　　　　　　　　　D. 联合成本

4. 在生产何种新产品的决策中,若存在专属成本的情况下,通过比较不同备选方案的( )来进行择优决策。
   A. 贡献毛益总额　　　　　　　B. 剩余贡献毛益总额
   C. 单位贡献毛益　　　　　　　D. 单位剩余贡献毛益

5. 在生产何种新产品的决策中,若不存在专属成本的情况下,通过比较不同备选方案的( )来进行择优决策。
   A. 贡献毛益总额　　　　　　　B. 剩余贡献毛益总额
   C. 单位贡献毛益　　　　　　　D. 单位剩余贡献毛益

6. 在生产何种新产品的决策中,若企业的某项资源受到限制,通过比较不同备选方案的( )来进行择优决策。
   A. 贡献毛益总额　　　　　　　B. 剩余贡献毛益总额
   C. 单位贡献毛益　　　　　　　D. 单位资源贡献毛益

7. 假设某厂有剩余生产能力 1 000 机器小时,有四种产品甲、乙、丙、丁,它们的单位贡献毛益分别为 4 元、6 元、8 元和 10 元,生产一件产品所需机器小时各为 4 小时、5 小时、6 小时和 7 小时,则该厂应增产的产品是( )。
   A. 甲产品　　B. 乙产品　　C. 丙产品　　D. 丁产品

8. 有关半产品是否进行深加工决策中,深加工前的半成品成本属于( )
   A. 不可避免成本　　　　　　　B. 重置成本
   C. 机会成本　　　　　　　　　D. 沉没成本

9. 某公司生产一种化工产品甲,进一步加工可以生产高级化工产品乙,甲、乙两种产品在市场上的售价分别为 50 元/每千克、120 元/每千克,但乙产品的生产每年需要追加固定成本 20 000 元,单位变动成本为 10 元,若每千克甲可加工 0.6 千克乙,则该公司应( )。

A. 进一步加工生产产品乙

B. 当产品甲的年销售量超过 1 250 千克,将甲加工为乙

C. 将甲出售,不加工

D. 两种方案均可

10. 亏损产品是否停产,以下说法正确的是( )

A. 看产品亏损数是否能由盈利产品来弥补,如能弥补,继续生产

B. 产品亏损数即使能由盈利产品来弥补,也应停止生产

C. 产品的贡献毛益如为正数,不应停止生产

D. 产品的贡献毛益如为正数,应停止生产

11. 当企业的剩余生产能力无法转移时,应不继续生产某亏损产品的条件之一是( )。

A. 该产品的单价等于单位变动成本　　B. 该产品的单价小于单位变动成本

C. 该产品的单位贡献毛益大于零　　D. 该产品的变动成本率小于 100%

12. 有一企业生产三种产品甲、乙、丙,它们的贡献毛益分别是 200 元、120 元和 130 元,现在这三种产品的年利润分别是 5 000 元、5 200 元和−800 元,这时企业有多种方案可供选择,则其中最好的是( )。

A. 将亏损 800 元的丙产品停产

B. 丙产品停产,用腾出的生产能力生产总贡献毛益较大且超过产品丙的产品

C. 亏损产品丙继续生产

D. 丙产品停产,利用其腾出的生产能力转而生产利润最高的产品乙

13. 在短期经营决策中,企业接受特殊价格追加订货的原因是买方出价高于( )。

A. 正常价格　　　　　　　　B. 单位产品成本

C. 单位变动成本　　　　　　D. 单位固定成本

14. 是否接受低价追加订货的决策,一般采用的决策方法为( )

A. 贡献毛益分析法　　　　　B. 差别损益分析法

C. 相关成本分析法　　　　　D. 成本无差别点分析法

15. 甲公司生产乙产品,最大产能为 90 000 小时,单位产品加工工时为 6 小时。目前订货量为 13 000 件,剩余生产能力无法转移。乙产品销售单价为 150 元,单位成本为

100 元,其中单位变动成本为 70 元。现有客户追加订货 2 000 件,单件报价 90 元,接受这笔订单,公司营业利润(　　)。

　　A. 增加 100 000 元　　　　　　B. 增加 40 000 元
　　C. 增加 180 000 元　　　　　　D. 增加 160 000 元

16. 在特殊订货的定价决策中,若企业有剩余生产能力来接受低于正常价格的特殊订货,而且剩余生产能力无法转移,其决策的原则是(　　)。

　　A. 订货数量多　　　　　　　　B. 不增加专属设备
　　C. 定价大于单位成本　　　　　D. 提供正的边际贡献

17. 某厂生产某种产品需要一种零件,其外购单价最高为 1.2 元,这一价格随着采购数量的不同而变化:每增加 1 000 件,单价降低 0.1 元,若该零件自制能满足生产需要,不需追加固定成本,其单位成本保持不变为 1 元/件,该零件的数量在 0~5 000 件变动时,自制与外购方案的成本平衡点将是(　　)。

　　A. 不存在　　　　　　　　　　B. 2 000 件
　　C. 2 000~3 000 件　　　　　　D. 2 500 件

18. 某厂需要零件甲,其外购单价为 10 元,若自行生产,单位变动成本为 6 元,且需要为此每年追加 10 000 元的固定成本,通过计算可知,当该零件的年需要量为(　　)时,外购、自制两种方案等效。

　　A. 2 500　　　　B. 3 000　　　　C. 2 000　　　　D. 1 800

19. 在相关收入均为零,相关的业务量不确定时,可以采用的生产经营决策方法是(　　)。

　　A. 相关成本分析法　　　　　　B. 成本无差别点法
　　C. 差别损益分析法　　　　　　D. 相关损益分析法

20. 当利润实现最大化时,边际成本与边际收入的关系是(　　)。

　　A. 边际收入大于边际成本　　　B. 边际收入小于边际成本
　　C. 边际收入等于边际成本　　　D. 边际收入与边际成本无关

二、多项选择题

1. 围绕产品功能成本评价的分析对象,应收集的资料包括(　　)。

　　A. 产品的需求状况　　　　　　B. 产品竞争状况
　　C. 产品设计、工艺加工状况　　D. 经济分析资料

2. 当剩余生产能力无法转移时,亏损产品不应停产的条件是(　　)。

　　A. 该亏损产品的变动成本率大于 1

B. 该亏损产品的变动成本率小于1

C. 该亏损产品的贡献毛益大于0

D. 该亏损产品的单位贡献毛益大于0

3. 某公司生产多种产品,其中甲、乙两种产品是亏损的,甲产品单价为100元,单位变动成本为80元;乙产品单价为20元,单位变动成本为22元。在短期内,是否停产甲产品或乙产品不会影响固定成本。该公司正确的决策有(   )。

　　A. 立即停产甲产品　　　　　B. 继续生产甲产品

　　C. 立即停产乙产品　　　　　D. 继续生产乙产品

4. 在半成品是否深加工的决策中,相关成本包括(   )。

　　A. 进一步深加工前的半成品所发生的成本

　　B. 进一步深加工前的半成品所发生的变动成本

　　C. 进一步深加工所需的专属固定成本

　　D. 进一步深加工所需的追加成本

5. 在零部件是自制还是外购决策时,如果企业有剩余生产能力,则需要考虑的成本有(   )。

　　A. 变动成本　　　　　　　　B. 专属成本

　　C. 可控成本　　　　　　　　D. 剩余生产能力的机会成本

6. 心理定价策略常用的方法主要有(   )。

　　A. 尾数定价　　　　　　　　B. 整数定价

　　C. 声望定价　　　　　　　　D. 习惯性定价

7. 影响价格制定的基本因素包括(   )。

　　A. 成本因素　　　　　　　　B. 竞争因素

　　C. 需求因素　　　　　　　　D. 商品的市场生命周期因素

8. 从产品寿命周期图可知,产品寿命周期可以分为(   )。

　　A. 投入期　　B. 成长期　　C. 成熟期　　D. 衰退期

三、判断题

1. 产品功能与成本之间的关系,可以用如下公式表示:价值＝功能÷成本。(   )

2. 进行功能成本分析时,可以从畅销产品中选取,不仅可降低成本,而且能使产品处于更有利的竞争地位。(   )

3. 凡是亏损产品都应该停产。(   )

4. 对于亏损产品来说,不存在是否应当增产的问题。(   )

5. 利用成本无差别点进行生产经营决策时,如果业务量大于成本无差别点时,应选择固定成本较高的方案。( )

6. 在企业某种资源(如原材料、人工工时等)受到限制的情况下,可通过计算、比较各备选方案的单位资源贡献毛益额进行生产新产品的择优决策。( )

7. 由于外购零件而使得剩余生产能力能够出租,获取的租金收入应作为自制方案的机会成本考虑。( )

8. 产品组合优化决策适用于资源无限的多品种产品生产的企业。( )

9. 尾数定价法适用于耐用消费品等中高档商品,而整数定价法则适用于中低档日用消费品。( )

10. 在产品投入期采用渗透策略,可以迅速收回投资,保证获得初期高额利润。( )

四、简答题

1. 什么是贡献毛益?它与销售利润有什么区别?
2. 影响价格制定的因素有哪些?
3. 定价目标一般包括哪几种?
4. 简述产品寿命周期各阶段的划分及其相对应的价格策略。

五、计算题

1. 某企业现有生产能力为 40 000 机器小时,尚有 20% 的剩余生产能力,为充分利用生产能力,准备开发新产品,有甲、乙、丙三种新产品可以选择,资料如表 5-1 所示。

表 5-1 产品生产资料

项目	甲	乙	丙
单价(元)	100	60	30
单位变动成本(元)	50	30	12
单位产品定额工时(小时)	40	20	10

要求:(1) 计算三种产品的单位工时边际贡献。

(2) 企业应优先生产哪种产品?

(3) 如果丙产品的年需求为 600 件,乙的年需求量为 500 件,甲的年需求量为 200 件,为充分利用生产能力,该如何安排生产?

2. 某企业现有设备的生产能力是 50 000 个机器工时,现有生产能力的利用程度为 80%,现准备用剩余生产能力开发新产品甲、乙或丙。甲、乙、丙的生产资料如表 5-2

所示。

表 5-2 产品生产资料 金额单位:元

项目	甲	乙	丙
单价	92	59	120
单位变动成本	36	30	60
单位产品定额工时(小时)	4	2	5

要求:(1) 根据以上资料作出开发哪种新产品的决策。

(2) 如果乙产品的市场需要量为 3 500 件,为充分利用生产能力,该企业应如何安排生产?

(3) 如果生产乙需要追加专属成本 7 000 元,则企业应开发哪种新产品?

3. 某企业生产 C 产品 2 000 件,在完成第一道工序后即可销售,单价为 30 元,单位变动成本为 22 元,固定成本总额为 40 000 元。如果继续加工再出售,单价为 38 元,单位变动成本为 29 元。

要求:(1) 当剩余生产能力不能转移时,该产品是否要进一步加工?

(2) 假如半成品继续加工的话,需增加专属成本 8 000 元,问该产品是否要进一步加工?

(3) 如果剩余生产能力可以转移,可获得委托加工净收益 5 000 元,请问是否应该进一步深加工?

4. 某企业常年组织生产 A 产品,单位变动成本为 80 元/件,市场售价为 100 元/件,A 产品经过深加工可加工成市场售价为 200 元/件的 B 产品,每完成一件 B 产品另需要追加变动性的加工成本 80 元,同时每年需要追加专属固定成本 40 000 元,每件的 A 产品可以加工成 0.9 件的 B 产品,企业已具备将全部 A 产品深加工为 B 产品的能力,且不能转移。

要求:作出企业是否将全部 A 产品深加工成 B 产品的决策。

5. 某企业生产 A、B、C 三种产品,有关资料如表 5-3 所示。

表 5-3 产品生产资料 金额单位:元

项目	A	B	C	合计
销售量(件)	1 000	1 200	1 800	—
单位售价	900	700	500	—
单位变动成本	700	580	450	—

(续表)

项目	A	B	C	合计
单位边际贡献(元)	200	120	50	—
边际贡献总额(元)	200 000	144 000	90 000	434 000
固定成本(元)	125 000	125 000	150 000	400 000
利润(元)	75 000	19 000	—60 000	34 000

根据以上资料分析：

(1) 亏损产品C是否应停产(假定全部固定成本均不可避免)，如停产则利润为多少？

(2) 如果停产C产品，剩余的生产能力可用于扩大A产品的生产，预计能够增加A产品销售量800件(假设该800件可按原有价格全部出售)，同时将发生专属成本2万元，假定A产品的边际贡献保持不变，问该方案是否可行？

6. 某企业组织多品种经营，其中有一种变动成本率为80%的产品本年度亏损了10 000元，其完全成本法下分摊的总成本为110 000元，假设下年度市场销售、成本水平不变。

要求：对以下不相干情况进行该亏损产品是否应该停产的决策，并说明理由。

(1) 假设该亏损产品有关的生产能力无法转移。

(2) 假设该亏损产品有关的生产能力可以用于出租，租金收入为25 000元。

7. 某企业只生产一种产品，全年最大生产能力为1 200件。年初已按100元每件的价格接收正常任务1 000件，该产品的单位完全生产成本为80元每件(其中，单位固定制造费用为30元)，现有一客户要求以70元每件的价格追加订货。考虑以下决策的可行性：

(1) 剩余生产能力无法转移，追加订货量200件，不增加专属成本。

(2) 剩余生产能力无法转移，追加订货量为200件，需追加专属成本1 000元。

(3) 同(1)，但剩余能力可以出租，租金5 000元。

(4) 剩余能力无法转移，追加订货量300件，但需要追加1 000元专属成本。

8. 某企业只生产一种产品，全年最大生产能力是2 200件。目前已经接受正常订单2 000件，定价110元/件。该产品的单位完全生产成本是80元/件(其中单位变动成本为55元)。现有一个客户要求以70元/件的价格追加订货。

要求：根据以下不相关的情况，作出企业是否接受低价追加订货的决策，并说明理由。

(1) 剩余生产能力无法转移，追加订货量200件，不追加专属成本。

(2) 剩余生产能力无法转移，追加订货量200件，需要追加专属成本900元。

(3) 追加订货量200件，不追加专属成本；但剩余生产能力可以用于转移，获取租金收入3 000元。

(4)剩余生产能力无法转移,追加订货量300件,需要追加专属成本900元。

9. 某厂生产A产品所需要的甲零件下一年需要量为18 000个,如外购,则外购单价为60元;如利用车间生产能力进行生产,每个零件的直接材料费为30元,直接人工费为20元,变动制造费用为8元,固定制造费用为6元,合计64元。

要求:就以下各不相关情况作出甲零件自制还是外购的决策;

(1)企业现具备生产18 000个甲零件的能力,且剩余生产能力无其他用途。

(2)企业现具备生产18 000个甲零件的能力,但剩余生产能力也可用于对外加工乙零件,预计加工乙零件可产生边际贡献100 000元。

(3)企业目前只具备生产15 000个甲零件的能力,且无其他用途,若多生产甲零件,需要租入一台设备,年租金为25 000元,这时生产能力达到18 000个。

(4)条件同(3),但企业也可以采用剩余生产能力自制15 000个甲零件,其余全部外购的方式。

10. 某企业常年生产需用的B部件以前一直从市场上采购,已知采购量在5 000件以下时,单价为8元/件;达到或超过5 000件时,单价为7元/件。如果追加投入12 000元专属成本,就可以自行制造该部件,预计单位变动成本为5元/件。

要求:用成本无差别点分析法为企业作出自制或外购B部件的决策,并说明理由。

11. 某企业所需用的某种零件的自制单位成本及外购单价资料如下:在自制方式下,单位零件耗用直接材料为4元,直接人工为2元,变动制造费用为2元,另需投入专属成本1 600元;在外购方式下,600件及以内单价为12元,600件以上单价为10元。

要求:确定在生产能力不能转移时,该零件全年需用量在何种情况下采用外购方式?何种情况下采用自制方式?

12. 某企业拟生产A、B两种产品,该工厂生产能力为360工时,库存材料可供使用的总数量为240千克,另外,A产品在市场上的销售无限制,B产品在市场上每月最多只能销售30件,A、B两种产品有关数据如表5-4所示。

表5-4 产品有关数据

产品	单位生产时间(工时)	单位材料消耗量(千克)	单位贡献毛益(元)
A产品	6	6	90
B产品	9	3	80

要求:(1)利用图解法分析工厂如何安排A、B两种产品的生产,才能获得最大贡献毛益?

(2)可实现的最大贡献毛益为多少?

第六章 存货决策

重点、难点讲解及典型例题

一、存货的成本

1. 采购成本

采购成本是指由购买存货而发生的买价（购买价格或发票价格）和运杂费（运输费用和装卸费用）构成的成本，其总额取决于采购数量和单位采购成本。

2. 订货成本

订货成本是指为订购货物而发生的各种成本，包括采购人员的工资，采购部门的一般性费用（如办公费、水电费、折旧费、取暖费等）和采购业务费（如差旅费、邮电费、检验费等）。

3. 储存成本

存货的储存成本是指企业为持有存货而发生的费用，主要包括存货资金占用费（以贷款购买存货的利息成本）或机会成本（以现金购买存货而丧失的证券投资收益等）、仓储费用、保险费用、存货残损霉变损失等。

4. 缺货成本

缺货成本是因为存货不足而给企业造成的停产损失、延误发货的信誉损失及丧失销售机会的损失等。

【例题 6-1·多项选择题】 存货决策中，通常要考虑的成本有（   ）。

A. 采购成本　　　B. 订货成本　　　C. 储存成本　　　D. 缺货成本

E. 生产成本

【答案】 ABCD

【解析】 在存货决策中，通常要考虑的成本有采购成本、订货成本、储存成本、缺货成本，不考虑生产成本。

二、经济订货批量

经济订货批量相关计算公式如下：

$$经济订货批量(Q^*) = \sqrt{\frac{2AP}{C}}$$

$$经济订货批次\left(\frac{A}{Q^*}\right) = \sqrt{\frac{AC}{2P}}$$

$$年最低成本合计(T^*) = \sqrt{2APC}$$

【例题6-2·单项选择题】 某企业全年需用A材料2 400吨,每次的订货成本为400元,每吨材料年储存成本12元,则每年最佳订货次数为( )次。

A. 12　　　　　B. 6　　　　　C. 3　　　　　D. 4

【答案】 B

【解析】 $\dfrac{A}{Q^*}=\sqrt{\dfrac{AC}{2P}}=\sqrt{\dfrac{2\,400\times 12}{2\times 400}}=6(次)$

三、存货基本模型的扩展应用

1. 再订货点的确定

无安全库存量时的再订货点计算公式如下:

$$再订货点 = 交货时间 \times 存货平均每日用量$$

存在安全库存量的再订货点计算公式如下:

$$再订货点 = 交货时间 \times 存货平均每日用量 + 安全库存量$$

2. 一次订货,边进边出情况下的决策

经济订货批量相关计算公式如下:

$$经济订货批量(Q^*)=\sqrt{\dfrac{2AP}{C\left(1-\dfrac{Y}{X}\right)}}$$

$$最低年成本合计(T^*)=\sqrt{2APC\left(1-\dfrac{Y}{X}\right)}$$

3. 有数量折扣时的决策

存货总成本的计算公式如下:

$$存货总成本 = 采购成本 + 订货成本 + 储存成本$$

上述存货总成本最低点时所对应的采购批量应该是最佳的。实行数量折扣的经济订货批量具体确定步骤如下:

(1) 按照基本经济订货批量模式确定经济订货批量。

(2) 计算按经济订货批量进货时的存货总成本。

(3) 计算按给予数量折扣的进货批量进货时的存货总成本。

(4) 比较不同进货批量的存货总成本,最低存货总成本对应的订货批量,就是实行数量折扣的最佳经济订货批量。

4. 订单批量受限时的决策

在这种情况下,采用经济订货批量基本模型计算出来的 Q^*,如果不等于允许的订购量之一的话,就必须在 Q^* 的两边确定两种允许数量,通过计算各自的年度成本总额来比较优劣。

5. 安全库存量与库存耗竭成本

建立最佳安全库存量政策时,必须考虑两项成本:

(1) 安全库存量的储存成本。由于期初安全库存量余额等于期末安全库存量余额,安全库存量的单位储存成本与营运存货的储存成本相同,安全库存量的储存成本等于安全库存量乘以存货的单位储存成本。

(2) 库存耗竭成本。通常指备选供应来源的成本、失去顾客或商业信誉的成本、库存耗竭期内停产的成本等。库存耗竭成本作为年度预期值,等于某项库存耗竭成本乘以每年安排的订货次数乘以一次订购的库存耗竭概率。

安全库存量决策的目的在于确定多大的保险储备才能使储存成本和库存耗竭成本之和达到最低。

【例题 6-3·多项选择题】 在有数量折扣的情况下,属于订购批量决策中的相关成本有( )。

A. 采购成本　　B. 订货成本　　C. 储存成本　　D. 生产成本

【答案】 ABC

【解析】 在有数量折扣的决策中,订货成本、储存成本以及采购成本都是订购批量决策中的相关成本,这时,上述三种成本的年成本合计最低的方案才是最优方案。

四、ABC 分类管理与控制

1. 三类存货的特点

(1) A 类存货。A 类存货应该品种少价值高,一般来说,其品种数占全部存货品种数的 5%~10%,但其资金占用额却占存货资金总额的 70%~80%。

(2) B 类存货。B 类存货的品种数量约占全部存货品种数量的 20%~30%,其所占用资金占全部存货资金总额的 15%~20%。

(3) C 类存货。C 类存货是品种数量较多而占用资金较少的存货,一般来说,其品种数量占全部存货品种数量的 50%~70%,其资金占用额却只占全部资金总额的 5%~15%。

2. ABC 分类控制的步骤

ABC 分类控制的基本步骤可以归纳为以下几步:

(1) 计算每种存货在1年内的需求量及占用资金额,并按金额大小顺序排列。

(2) 计算各种存货的品种累计数及占全部存货品种数量的百分比。

(3) 计算各种存货的占用资金累计数及占所有存货资金总额的百分比。

(4) 按分类标准将全部物资分为ABC三类。对A类存货进行重点规划和控制,对B类存货进行次重点管理,对C类存货只进行一般管理。

【例题6-4·单项选择题】 在对存货实行ABC分类管理的情况下,ABC三类存货的金额比重大致为( )。

A. 7:2:1　　　　B. 1:2:7　　　　C. 5:3:2　　　　D. 2:3:5

【答案】 A

【解析】 A类存货该品种少价值高,其资金占用额占总额的70%～80%。B类存货占全部存货资金总额的15%～20%。C类存货占全部存货资金总额的5%～15%。

五、零存货管理

(1) 根据市场环境,采用拉动式生产系统或推动式生产系统,减少各类库存。

(2) 改变材料采购策略,建立一种全新的"利益伙伴"关系,减少材料库存。

(3) 建立无库存的生产制造单元,提高工作效率和生产效率,减少在产品库存。

(4) 减少和消除不附加价值成本,缩短生产周期,减少在产品和产成品库存。

(5) 快速满足客户需求,减少产成品库存。

(6) 保证生产顺利进行,实施全面质量管理。

思考与练习

一、单项选择题

1. 下列各项中,不属于订货成本的是( )。

A. 采购部门的折旧费　　　　B. 检验费

C. 按存货价值计算的保险费　　D. 差旅费

2. 由于存货数量不能及时满足生产和销售的需要而给企业带来的损失称为( )。

A. 储存成本　　B. 缺货成本　　C. 采购成本　　D. 订货成本

3. 储存成本中,凡总额大小取决于存货数量的多少及储存时间长短的成本,称为( )。

A. 固定储存成本　　　　B. 无关成本

C. 变动储存成本　　　　　　D. 资本成本

4. 下列成本中,属于决策无关成本的是(　　)。

A. 订货成本　　　　　　　　B. 固定订货成本

C. 变动订货成本　　　　　　D. 变动储存成本

5. 下列各项中,与经济订货批量无关的是(　　)。

A. 每日消耗量　　　　　　　B. 每日供应量

C. 储存变动成本　　　　　　D. 订货提前期

6. 某企业全年需用 A 材料 2 400 吨,每次的订货成本为 400 元,每吨材料年储备成本 12 元,则每年最佳订货次数为(　　)次。

A. 12　　　　B. 6　　　　C. 3　　　　D. 4

7. 某种商品的再订货点为 680 件,安全库存量为 200 件,采购间隔日数为 12 天,假设每年有 300 个工作日,则年度耗用量是(　　)件。

A. 11 000　　B. 10 000　　C. 12 000　　D. 13 000

8. 某公司需要 A 零件,每件 60 元,供应商为扩大销售规模,订购 0~1 999 件时,每件折扣为 1 元,订购 2 000 件以上时,每件折扣为 2 元。订购 1 800 件时,每件折扣净额是(　　)元。

A. 59　　　　B. 58　　　　C. 60　　　　D. 57

9. 在对存货实行 ABC 分类管理的情况下,ABC 三类存货的金额比重大致为(　　)。

A. 7∶2∶1　　B. 1∶2∶7　　C. 5∶3∶2　　D. 2∶3∶5

10. 首先从产品装配出发,每道工序和每个车间按照当时的需要向前一道工序和车间提出要求,发出工作指令,前面的工序和车间完全按这些指令进行生产的方式称为(　　)。

A. 推动式生产　　B. 拉动式生产　　C. 预算工时　　D. 实际工时

二、多项选择题

1. 存货成本中,通常需要考虑的成本有(　　)。

A. 采购成本　　B. 储存成本　　C. 订货成本　　D. 缺货成本

2. 当采购批量增加时,(　　)。

A. 变动储存成本增加　　　　B. 变动储存成本减少

C. 变动订货成本增加　　　　D. 变动订货成本减少

3. 下列各项中,属于缺货成本的有(　　)。

A. 停工期间的固定成本　　　　B. 因停工待料发生的损失
C. 无法按期交货而支付的罚款　D. 停工期间的人员工资
E. 因采取应急措施补足存货而发生的超额费用

4. 计算经济订购批量时,不需用的项目有(　　)。
A. 全年需要量　　　　　　B. 固定储存成本
C. 每次订货成本　　　　　D. 安全存量

5. 按存货经济订货批量模型,当订货批量为经济批量时,(　　)。
A. 变动储存成本等于变动订货成本
B. 变动储存成本等于最低相关总成本的一半
C. 变动订货成本等于最低相关总成本的一半
D. 存货相关总成本达到最低

6. 某企业需要 A 材料 2 000 千克,单价为 100 元,一次订货成本为 40 元,年储存成本为 1 元,则其经济订货量(金额)、经济订货次数为(　　)。
A. 经济订货量 400 千克　　B. 经济订货量 40 000 元
C. 经济订货次数 5 次　　　D. 经济订货次数 6 次

7. 在有数量折扣、不允许缺货的情况下,属于订购批量决策相关成本的有(　　)。
A. 订货成本　　B. 缺货成本　　C. 采购成本　　D. 储存成本

8. 存货过多,会导致(　　)。
A. 占用大量的流动资金　　B. 增加仓储设施
C. 增加储存成本　　　　　D. 自然损耗额增加

三、判断题

1. 在允许缺货的情况下,缺货成本是与决策无关的成本。　　　　　　(　　)
2. 所有存货的采购成本都是决策无关成本。　　　　　　　　　　　(　　)
3. 经济订货批量的确定与再订货点无关。　　　　　　　　　　　　(　　)
4. 安全库存量的储存成本等于安全库存量乘以存货的单位储存成本。　(　　)
5. 适时制存货管理法的目的是消灭存货,以达到成本最低。　　　　　(　　)

四、计算题

1. 某企业生产中需用甲零件,年需要量为 6 000 件,每次订货成本为 100 元,单位零件年变动储存成本为 0.3 元。

要求:(1) 经济订货批量。

(2) 经济订货次数。

(3) 与经济进货批量有关的年相关总成本。

2. 某公司全年需要某种商品 500 000 千克,每次订货成本为 1 500 元,每千克商品的年储存成本为 0.15 元。

要求:计算其经济订货批量、经济订货批次和年最低成本合计。

3. 某种产品的安全库存量为 500 件,采购间隔期为 10 天,年度耗用总量为 12 000 件,假设每年有 300 个工作日。

要求:计算该商品的再订货点。

4. 某公司每年需用 A 材料 12 000 件,每次订货成本为 150 元,单位材料的年变动储存成本 5 元,该种材料的采购价格为每件 20 元,一次订货数量在 2 000 件以上将获得 2% 的折扣,在 3 000 件以上时可获得 5% 的折扣。

要求:计算经济订货批量。

5. 某供应商销售甲材料时,由于运输原因,只接受 300 件整数倍批量的订单(如 300 件、600 件、900 件等),不接受非 300 件整数倍批量的订单(如 500 件)。该购货单位全年需用量 2 000 件,每次订货成本为 120 元,每件年储存成本为 3 元。

要求:(1) 计算不考虑订单限制时的经济订购批量。

(2) 计算最佳订货量。

第七章 长期投资决策

重点、难点讲解及典型例题

一、资金时间价值

资金时间价值的几种计算方法如表 7-1 所示。

表 7-1 资金时间价值的计算方法

类别	终 值	现 值
复利	$F = P \times (1+i)^n = P \times (F/P, i, n)$	$P = F \times (1+i)^{-n} = F \times (P/F, i, n)$
普通年金	$F = A \times \dfrac{(1+i)^n - 1}{i} = A \times (F/A, i, n)$	$P = A \times \dfrac{1-(1+i)^{-n}}{i} = A \times (P/A, i, n)$
预付年金	$F = A \times [(F/A, i, n+1) - 1]$	$P = A \times [(P/A, i, n-1) + 1]$
递延年金	$F = A \times (F/A, i, n)$	$P = A \times (P/A, i, n) \times (P/F, i, m)$ $P = A \times [(P/A, i, m+n) - (P/A, i, m)]$ $P = A \times (F/A, i, n) \times (P/F, i, m+n)$
永续年金	无	$P = A \times \dfrac{1-(1+i)^{-n}}{i}$

【例题 7-1·单项选择题】 下列各项年金中,只有现值没有终值的年金是( )。
A. 普通年金　　B. 递延年金　　C. 永续年金　　D. 先付年金
【答案】 C
【解析】 永续年金只有现值没有终值。

二、名义利率和实际利率

$$i = \left(1 + \frac{r}{m}\right)^m - 1$$

其中,i 为实际利率;r 为名义利率;m 为每年复利次数。

三、现金流量

1. 不考虑所得税情况下的现金净流量计算

(1) 初始现金净流量是指在建设期投资时产生的现金净流量。初始现金净流量的计算如下:

$$某年现金净流量 = -该年原始投资额$$

如建设期不为零时,现金净流量的发生取决于投资额的投入方式是一次投入还是分次投入。

(2) 营业现金净流量是指投资项目投产后,在经营期内由于生产经营活动而产生的现金净流量。营业现金净流量的计算公式如下:

$$某年营业现金净流量 = 税前利润 + (折旧 + 摊销)$$
$$= (营业收入 - 总成本) + (折旧 + 摊销)$$
$$= 营业收入 - 付现成本$$

(3) 终结现金净流量是指投资项目终结时,即经营期最后 1 年年末所产生的现金净流量。终结现金净流量的计算公式如下:

$$该年现金净流量 = 该年营业现金净流量 + 回收额$$

2. 考虑所得税情况下的现金净流量计算

对企业来说所得税是一种现金流出,在以企业为主体进行长期投资决策时应在考虑所得税情况下计算年现金净流量。

1) 初始现金净流量的计算

(1) 如果是新建项目,所得税对初始现金净流量没有影响。其计算公式如下:

$$某年现金净流量 = -该年原始投资额$$

(2) 如果是更新改造项目,固定资产的清理损益就应考虑所得税问题。继续使用旧固定资产的建设期期初现金净流量为:

$$NCF_0 = -(旧固定资产变价净收入 + 旧固定资产提前报废发生净损失抵税额)$$

2) 营业现金净流量的计算

在考虑所得税因素之后,经营期的营业现金净流量可按下列方法计算:

$$某年营业现金净流量 = 税前利润 + (折旧 + 摊销) - 所得税$$
$$= 税后利润 + (折旧 + 摊销)$$
$$= (营业收入 - 总成本) \times (1 - 所得税税率) + (折旧 + 摊销)$$
$$= (营业收入 - 付现成本) \times (1 - 所得税税率)$$
$$+ (折旧 + 摊销) \times 所得税税率$$

3) 终结现金净流量的计算

其计算公式如下:

该年现金净流量＝该年营业现金净流量＋回收额

【例题 7-2·单项选择题】 某投资方案的年营业收入为 100 万元,年总成本为 60 万元,其中折旧为 10 万元,所得税税率为 25%,则该方案每年的营业现金净流量为(　　)万元。

A. 40　　　　B. 30　　　　C. 37.5　　　　D. 26

【答案】 A

【解析】 某年营业现金净流量＝(营业收入－总成本)×(1－所得税税率)
$$+(折旧+摊销)$$
$$=(100-60)×(1-25\%)+10=40(万元)$$

四、资金成本

资金成本相关计算公式如下:

$$债券资金成本 = \frac{年利息 \times (1-所得税税率)}{债券发行价格 \times (1-筹资费率)}$$

$$借款资金成本 = \frac{年利息 \times (1-所得税税率)}{借款总额 \times (1-筹资费率)}$$

$$优先股资金成本 = \frac{优先股年股利}{优先股发行总额 \times (1-筹资费率)}$$

$$普通股资金成本 = \frac{普通股第一年预计股利}{普通股发行总额 \times (1-筹资费率)} + 股利增长率$$

$$留存收益资金成本 = \frac{普通股第一年预计股利}{普通股发行总额} + 股利增长率$$

$$综合资金成本 = \sum 某种资金的资金成本 \times 该种资金占总资金的比重$$

【例题 7-3·单项选择题】 某企业拟发行一笔期限为 3 年的债券,债券面值为 100 元,债券的票面利率为 8%,每年付息 1 次,企业发行这笔债券的费用为其债券发行价格的 5%,由于企业发行债券的利率比市场利率高,因而实际发行价格为 120 元,假设企业的所得税税率为 25%,则企业发行的债券成本为(　　)。

A. 5.96%　　　B. 5.26%　　　C. 7.02%　　　D. 7.26%

【答案】 B

【解析】 $$债券资金成本 = \frac{年利息 \times (1-所得税税率)}{债券发行价格 \times (1-筹资费率)}$$

$$=\frac{100\times 8\%\times(1-25\%)}{120\times(1-5\%)}=5.26\%$$

五、长期投资决策指标

长期投资决策指标相关计算公式如下：

$$投资利润率=\frac{年平均利润额}{投资总额}\times 100\%$$

$$静态投资回收期=\frac{原始总投资}{年现金流量}$$

$$净现值(NPV)=\sum_{t=0}^{n}\frac{NCF_t}{(1+i)^t}=\sum_{t=0}^{n}NCF_t\times(P/F,i,t)$$

$$净现值率=\frac{净现值}{原始总投资现值之和}$$

$$现值指数=\frac{经营期各年现金净流量现值之和}{原始总投资现值之和}=1+净现值率$$

内含报酬率(IRR)应满足：$\sum_{t=0}^{n}NCFt\times(P/F,IRR,t)=0$

【例题 7-4·单项选择题】 下列投资决策评价方法中，没有考虑货币的时间价值的是（　　）。

A. 静态投资回收期法　　　　　　　　B. 净现值法
C. 现值指数法　　　　　　　　　　　D. 内含报酬率法

【答案】 A

【解析】 静态投资回收期法的缺点主要是：①没有考虑资金时间价值；②仅考虑了回收期以前的现金流量，没有考虑回收期以后的现金流量。

六、长期投资决策评价指标的运用

1. 独立方案的可行性评价

判断一个独立方案可行性的评价标准包括：

$$NPV\geqslant 0,NPVR\geqslant 0,PI\geqslant 1,IRR\geqslant i$$

2. 多个互斥方案的对比和选优

（1）在对原始投资额相等并且计算期也相等的多个互斥方案进行评价时，可采用净现值法；计算期不相等时可采用净现值率法，净现值或净现值率最大的方案为较优方案。

(2) 在对原始投资额不相等但计算期相等的多个互斥方案进行评价时,可采用差额净现值法(记作 ΔNPV)或差额内含报酬率法(记作 ΔIRR)。

(3) 在对原始投资额不相等,特别是计算期也不相同的多个互斥方案进行评价时,可采用年等额净现值法,年等额净现值最大的方案为最优方案。

【例题 7-5·单项选择题】 下列方法中,可用于对原始投资额相同且项目计算期相同的互斥投资方案进行决策的方法是( )。

A. 净现值法　　　　　　　　　　　B. 最短计算期法

C. 年等额净回收额法　　　　　　　D. 差额投资内部收益率法

【答案】 A

【解析】 在对原始投资额相等并且计算期也相等的多个互斥方案进行评价时,可采用净现值法。

七、长期投资决策的敏感性分析

(一) 以净现值为基础的敏感性分析

(1) 现金净流量对净现值的敏感性分析。即计算出使投资方案可行的每年现金净流量的下限临界值,然后就可得到每年的现金净流量在多大的范围内变动才不至于影响投资方案的可行性。

(2) 项目使用年限对净现值的敏感性分析。即计算出项目使用年限的下限临界值,然后就可得到该项目的使用年限在多大的范围内变动才不至于影响投资方案的可行性。

(二) 以内含报酬率为基础的敏感性分析

(1) 现金净流量变动对内含报酬率的敏感性分析。即假定项目使用年限不变的条件下,测算现金净流量变动对内含报酬率的影响程度。

(2) 项目使用年限变动对内含报酬率的敏感性分析。即假定每年现金净流量不变的条件下,测算项目使用年限变动对内含报酬率的影响程度。

影响程度可用敏感系数表示,敏感系数的计算公式如下:

$$敏感系数 = \frac{目标值变动百分比}{变量值变动百分比}$$

敏感系数越大,表明变量值对目标值的影响程度即敏感性越大;敏感系数越小,表明变量值对目标值的影响程度即敏感性越小。

思考与练习

一、单项选择题

1. 企业连续 8 年于每年年末存款 1 000 元,年利率 8%,则在第 8 年年末可一次取出本利和( )元。

   A. 8 000　　　B. 8 640　　　C. 10 637　　　D. 5 747

2. 某企业年初存入一笔资金,从第 4 年年末起,每年取出 1 000 元,至第 9 年年末取完,年利率为 10%,则该企业最初一次存入款项为( )元。

   A. 3 200.60　　　B. 3 150.50　　　C. 3 272.17　　　D. 3 279.80

3. 普通年金是指( )。

   A. 后付年金　　　B. 先付年金　　　C. 永续年金　　　D. 递延年金

4. 下列项目中,不属于现金流出项目的是( )。

   A. 折旧费　　　B. 经营成本　　　C. 各项税款　　　D. 建设投资

5. 某投资方案的年营业收入为 100 万元,付现成本为 60 万元,其中折旧为 10 万元,所得税税率为 25%,则该方案每年的营业现金流量为( )万元。

   A. 26　　　B. 32.5　　　C. 40　　　D. 50

6. 某投资方案的年营业收入为 100 万元,年总成本为 60 万元,其中折旧为 10 万元,所得税税率为 25%,则该方案每年的营业现金净流量为( )万元。

   A. 40　　　B. 30　　　C. 37.5　　　D. 26

7. 在项目投资决策的现金流量分析中使用的"经营成本"是指( )。

   A. 变动成本　　　B. 付现成本　　　C. 全部成本　　　D. 固定成本

8. 在项目投资决策的现金流量计算中,某年营运现金流量的计算公式中不应该考虑的内容是( )。

   A. 该年销售收入　　　　　　B. 该年付现营运成本
   C. 该年利息　　　　　　　　D. 残值回收额

9. 下列指标的计算中,没有直接利用净现金流量的是( )。

   A. 内部收益率　　B. 投资利润率　　C. 净现值率　　D. 获利指数

10. 存在所得税的情况下,以"利润+折旧"估计经营期净现金流量时,"利润"指的是( )。

    A. 利润总额　　B. 净利润　　C. 营业利润　　D. 息税前利润

11. 某公司为扩大产品生产线需要投资600万元,其中银行借款为300万元,筹资成本为6%;发行公司债券筹集资金为150万元,资本成本为10%;普通股筹集资金为150万元,资本成本为8%,则该项目的投资最低报酬率为( )。

   A. 7.5%　　　　B. 8%　　　　C. 8.5%　　　　D. 7%

12. 当贴现率与内含报酬率相等时,说明( )。

   A. 净现值大于0　　　　　　　B. 净现值小于0

   C. 现值指数大于0　　　　　　D. 现值指数等于1

13. 某投资项目的投资额为200万元,项目每年产生的税后利润为40万元,每年的折旧额为10万元,则投资回收期为( )年。

   A. 5　　　　B. 6.67　　　　C. 4　　　　D. 25

14. 下列说法中,错误的是( )。

   A. 投资方案回收期≤期望回收期,则接受投资方案

   B. 投资方案回收期＞期望回收期,则拒绝投资方案

   C. 投资方案的平均报酬率≥期望的平均报酬率,拒绝投资方案

   D. 投资方案的会计报酬率＜期望的平均报酬率,拒绝投资方案

15. 下列关于净现值的局限性的说法中,不正确的是( )。

   A. 不能揭示各个投资方案本身可达到的实际报酬率水平

   B. 净现值是一个绝对数指标,只能反映某个单独投资方案的投资与收益关系

   C. 如果几个投资方案的初始投资额不相同,那么仅以净现值的大小是可以确定投资方案获利水平的高低的

   D. 投资者所要求的报酬率或资本成本的确定比较困难

16. 下列有关净现值法的优点的说法中,错误的是( )。

   A. 考虑了货币时间价值

   B. 考虑了项目寿命期内的全部净现金流量

   C. 考虑了投资的风险性

   D. 投资者要求的报酬率比较容易确定

17. 某投资项目在建设期内投入全部原始投资,该项目的净现值率为25%,则该项目的获利指数为( )。

   A. 0.75　　　　B. 1.25　　　　C. 4.0　　　　D. 25

18. 获利指数( ),表明该项目具有正的贴现率,对企业有利。

   A. 大于0　　　　B. 小于0　　　　C. 大于1　　　　D. 小于1

19. 某投资项目原始投资为12 000元,当年完工并投产,有效期3年,每年可获得现

金净流量4 600元,则该项目内含报酬率为( )。

    A. 7.33%　　　　B. 7.68%　　　　C. 8.32%　　　　D. 6.68%

20. 某投资方案,在贴现率为16%,净现值为-1 200万元,贴现率为14%时,净现值为400万元,则内含报酬率为( )。

    A. 14.2%　　　　B. 14.5%　　　　C. 15.2%　　　　D. 15.5%

21. 对单独投资项目进行评价时,下列表述中,不正确的是( )。

    A. 资金成本越高,净现值越大

    B. 当内部报酬率等于资金成本时,净现值为0

    C. 内部报酬率小于资金成本时,净现值为负

    D. 资金成本越低,获利指数越大

22. 下列说法中,不正确的是( )。

    A. 净现值大于0,方案可取

    B. 内含报酬率大于资金成本率,方案可行

    C. 净现值率大于零,方案不可行

    D. 获利指数大于1,方案可取

23. 下列长期投资决策评价指标中,其数值越小越好的指标是( )。

    A. 净现值率　　B. 投资回收期　　C. 内部收益率　　D. 投资利润率

24. 净现值随贴现率的变动而呈( )。

    A. 正比例变动　　B. 反比例变动　　C. 同方向变动　　D. 反方向变动

25. 在只有一个投资项目可供选择的条件下,如果该项目不具有财务可行性,则必然存在的一种情况是( )。

    A. 净现值>0　　　　　　　　　B. 获利指数>1

    C. 净现值率<0　　　　　　　　D. 内部收益率>基准收益率

26. 当投资决策方案具有不同的投资有效期时,具有较强可比性的决策指标是( )。

    A. 净现值　　　　　　　　　　B. 净现值率

    C. 内部收益率　　　　　　　　D. 年等额净回收额

二、多项选择题

1. 长期投资决策分析过程中需要考虑的重要因素有( )。

    A. 贡献边际　　　　　　　　　B. 货币的时间价值

    C. 贡献边际率　　　　　　　　D. 资金成本

2. 下列项目中,属于年金的有( )。

A. 按直线法计提的折旧　　　　　B. 按产量法计提的折旧

C. 定期支付的租金　　　　　　　D. 定期上交的保险费

3. 经营期某年净现金流量包括( )。

A. 该年折旧　　B. 该年利润　　C. 该年摊销额　　D. 该年回收额

4. 现金流入的内容有( )。

A. 营业收入　　　　　　　　　　B. 处理固定资产净收益

C. 营业净利　　　　　　　　　　D. 回收流动资金

5. 长期投资项目的现金流入主要包括( )。

A. 营业收入　　　　　　　　　　B. 回收固定资产变现净值

C. 固定资产折旧　　　　　　　　D. 回收流动资金

6. 下列各项中,属于投资项目现金流出量内容的有( )。

A. 固定资产投资　　　　　　　　B. 折旧与摊销

C. 无形资产投资　　　　　　　　D. 新增经营成本

7. 考虑时间价值的评价指标有( )。

A. 投资利润率　　B. 净现值　　C. 获利指数　　D. 内部收益率

8. 下列方法中,考虑现金流量的有( )。

A. 获利指数法　　　　　　　　　B. 内部收益率法

C. 净现值法　　　　　　　　　　D. 净现值率法

9. 在单一的独立投资项目中,当一项投资方案的净现值小于0时,表明该方案( )。

A. 获利指数小于1　　　　　　　 B. 不具备财务可行性

C. 净现值率小于0　　　　　　　 D. 内部收益率小于行业基准收益率

10. 净现值法的决策标准有( )。

A. 投资方案的净现值大于0,则该方案可行

B. 投资方案的净现值小于0,则该方案不可行

C. 存在多个方案时,净现值最大的方案为最优方案

D. 存在多个方案时,净现值最小的方案为最优方案

11. 内部收益率实际上就是( )。

A. 使投资方案净现值等于0的贴现率

B. 投资方案的实际投资报酬率

C. 资金成本

D. 获利指数

12. 下列关于 NPV，NPVR，PI，IRR 之间的关系描述中，正确的有（　　）。

A. $NPV>0$ 时，$NPVR<0$，$PI<1$，$IRR<$ 基准折现率

B. $NPV>0$ 时，$NPVR>0$，$PI>1$，$IRR>$ 基准折现率

C. $NPV<0$ 时，$NPVR<0$，$PI<1$，$IRR<$ 基准折现率

D. $NPV<0$ 时，$NPVR>0$，$PI>1$，$IRR>$ 基准折现率

13. 在长期投资决策评价指标中，属于正指标的有（　　）。

A. 投资利润率　　　　　　B. 净现值

C. 内部收益率　　　　　　D. 静态投资回收期

14. 在一般情况下，下列表述中，不正确的有（　　）。

A. 净现值大于 0，方案可行

B. 内部收益率大于 0，方案可行

C. 净现值大于 0，净现值率必定大于 0，方案可行

D. 投资回收期大于投资有效期的一半时，投资回收期法的结论是方案可行

15. 下列表述中，正确的有（　　）。

A. 净现值是未来报酬的总现值与原始投资额现值的差额

B. 当净现值等于 0 时，说明此时的贴现率为内含报酬率

C. 当净现值大于 0 时，获利指数小于 1

D. 当净现值大于 0 时，获利指数大于 1

三、判断题

1. 建设投资属于现金流入项目。　　　　　　　　　　　　　　　　（　　）

2. 计算投资项目的终结现金流量时，需要考虑的内容有终结点的净利润、投资项目的年折旧额、固定资产的残值变现收入、投资项目的原始投资额。　　（　　）

3. 长期投资决策中所使用的现金流量就是财务会计的现金流量表中的现金流量。　　　　　　　　　　　　　　　　　　　　　　　　　　　　（　　）

4. 在长期投资决策中，只要投资项目的投资利润率大于零，该方案就是可行方案。　　　　　　　　　　　　　　　　　　　　　　　　　　　（　　）

5. 多方案决策时投资回收期最短的方案即为可行方案。　　　　　（　　）

6. 用净现值、净现值率、获利指数和内部收益率指标对同一个独立项目进行评价，会得出完全相同的结论。　　　　　　　　　　　　　　　　　（　　）

四、计算题

1. 某项目按 14% 设定的折现率计算的净现值为 80 万元,按 16% 设定的折现率计算的净现值为 −8 万元。行业基准折现率为 12%。

要求:(1) 不用计算,直接判断该项目是否具备财务可行性,并说明理由。

(2) 用内插法计算该项目的内部收益率,并评价该方案的可行性。

2. 某项目的初始投资为 5 000 元,项目计算期为 2 年,第 1 年年末和第 2 年均有现金流入 3 000 元。

请分别计算以下指标:

(1) 计算该项投资的内部报酬率。

(2) 如果资金成本为 10%,该投资的净现值为多少?获利指数为多少?

3. 某企业准备添置一条生产线,共需要投资 202 万元。建设期为 1 年,全部资金于建设起点一次投入。该项目预计可使用 10 年,期满有净残值 2 万元。生产线投入使用后不要求追加投入流动资金,每年可使企业增加净利润 15 万元。企业按直线法计提固定资产折旧。行业基准折现率为 10%,$(P/A, 10\%, 10) = 6.14457$;$(P/F, 10\%, 1) = 0.90909$,$(P/F, 10\%, 11) = 0.35049$。

要求:计算下列指标:

(1) 项目计算期。

(2) 固定资产原值。

(3) 年折旧。

(4) 该项目的净现金流量。

(5) 该项目的静态投资回收期。

(6) 该项目的净现值。

4. 某公司因业务发展需要,准备购入一套设备。现有甲、乙两个方案可供选择,其中甲方案需要投资 20 万元,使用寿命为 5 年,采用直线法计提折旧,5 年后设备无残值。5 年中每年销售收入为 8 万元,每年的付现成本为 3 万元。乙方案需投资 24 万元,也采用直线法计提折旧,使用寿命为 5 年,5 年后有残值收入 4 万元。5 年中每年的销售收入为 10 万元,付现成本第 1 年为 4 万元,以后随着设备不断陈旧,逐年将增加日常修理费 2 000 元,另需要垫支营运资金 3 万元。假设所得税税率为 25%。

要求:(1) 试计算两个方案的现金流量。

(2) 如果该公司资本成本为 10%,试用净现值法对两个方案作出取舍。

5. 大华公司准备购入一设备以扩充生产能力。现有甲、乙两个方案可供选择。甲方案需要投资 10 000 元,使用寿命为 5 年,采用直线法计提折旧,5 年后设备无残值,5 年中每年销售收入为6 000元,每年的付现成本为2 000元。乙方案需投资12 000元,采用直线法计提折旧,使用寿命也为5年,5年后有残值收入2 000元。5年中每年的销售收入为8 000元,付现成本第1年为3 000元,以后随着设备陈旧,逐年将增加修理费400元,另需垫付营运资金3 000元,假设所得税税率为25%。

要求:(1)计算两个方案各年的营业现金流量。

(2)假定要求的报酬率为10%,计算净现值、获利指数和内含报酬率。

第八章 标准成本法

重点、难点讲解及典型例题

一、标准成本的含义和特点

标准成本法也称标准成本制度或标准成本会计,是以预先运用技术测定等科学方法制定的标准成本为基础,将实际发生的成本与标准成本进行比较,核算和分析成本差异的一种成本计算方法,也是加强成本控制、评价经营业绩的一种成本控制制度。

标准成本法有以下几个特点:

(1) 预先按照成本项目制定产品标准成本,这是标准成本法的关键。

(2) 按标准成本进行产品成本核算,不计算各种产品的实际成本。

(3) 计算各成本项目实际成本与标准成本的各种成本差异,设立各种成本差异科目进行归集和进行相应的账务处理,并借以对产品成本进行控制和考核。

二、标准成本的种类

(1) 理想标准成本。理想标准成本是以现有生产技术条件和经营管理所能达到最优的情况下确定的目标成本。

(2) 正常标准成本。正常标准成本是以正常的工作效率、正常的耗用水平、正常的价格和正常的生产经营能力利用程度等条件为基础制定的标准成本。

(3) 现实标准成本。现实标准成本是在现有的生产条件下应该达到的成本水平。

【例题 8-1·单项选择题】 以资源无浪费、设备无故障、产出无废品、工时都有效的假设前提为依据而制定的标准成本是(   )。

A. 基本标准成本　　　　　　B. 理想标准成本

C. 正常标准成本　　　　　　D. 现行标准成本

【答案】 B

【解析】 理想标准成本是以现有生产技术条件和经营管理所能达到最优的情况下确定的目标成本。

三、标准成本的制定

产品成本一般由直接材料、直接人工和制造费用三个成本项目组成。因此,企业也应根据这些成本项目的特点,分别制定标准成本。在制定时,无论计算哪个成本项目,都

需要分别计算其用量标准和价格标准,两者的乘积得出单位产品的标准成本。其相关计算公式如下:

直接材料标准成本＝直接材料用量标准×直接材料价格标准

直接人工标准成本＝标准工时×标准工资率

变动制造费用标准成本＝标准工时×变动制造费用标准分配率

【例题 8-2·单项选择题】 标准成本是分成本项目制定的,成本项目的标准成本可按( )计算得到。

A. 价格标准×实际用量　　　　B. 实际价格×用量标准

C. 实际价格×实际用量　　　　D. 价格标准×用量标准

【答案】 D

【解析】 产品成本一般由直接材料、直接人工和制造费用三个成本项目组成,因此,企业也应根据这些成本项目的特点,分别制定标准成本。在制定时,无论计算哪个成本项目,都需要分别计算其用量标准和价格标准,两者的乘积得出单位产品的标准成本。

四、成本差异的计算和分析

成本差异包括直接材料成本差异、直接人工成本差异和制造费用差异三部分。其中,制造费用差异又分为变动制造费用差异和固定制造费用差异。

1. 直接材料成本差异的计算与分析

直接材料成本差异相关计算公式如下:

直接材料价格差异＝(实际价格－标准价格)×实际用量

直接材料数量差异＝(实际用量－标准用量)×标准价格

直接材料成本总差异＝实际价格×实际用量－标准价格×标准用量

2. 直接人工成本差异的计算与分析

直接人工成本差异相关计算公式如下:

直接人工工资率差异＝(实际工资率－标准工资率)×实际工时

直接人工效率差异＝(实际工时－标准工时)×标准工资率

直接人工成本总差异＝实际工资率×实际工时－标准工资率×标准工时

3. 变动制造费用差异的计算与分析

变动制造费用相关计算公式如下:

变动制造费用耗费差异＝(实际分配率－标准分配率)×实际工时

变动制造费用效率差异＝(实际工时－标准工时)×标准分配率

变动制造费用成本总差异＝实际分配率×实际工时－标准分配率×标准工时

4. 固定制造费用差异的计算与分析

(1) 两差异分析法。相关计算公式如下：

固定制造费用耗费差异＝实际固定制造费用－预算产量下标准固定制造费用
　　　　　　　　　　＝实际固定制造费用－预算产量下标准工时×标准分配率

固定制造费用能量差异＝预算产量下标准固定制造费用－实际产量下标准固定制造费用
　　　　　　　　　　＝（预算产量下标准工时－实际产量下标准工时）×标准分配率

(2) 三差异分析法。相关计算公式如下：

固定制造费用耗费差异＝实际固定制造费用－预算产量下标准固定制造费用
　　　　　　　　　　＝实际固定制造费用－预算产量下标准工时×标准分配率

固定制造费用产量差异＝预算产量下标准固定制造费用－实际产量下实际工时×标准分配率
　　　　　　　　　　＝（预算产量下标准工时－实际产量下实际工时）×标准分配率

固定制造费用效率差异＝（实际产量下实际工时－实际产量下标准工时）×标准分配率

【例题 8-3·单项选择题】 某产品工时消耗定额为 2 小时，变动制造费用标准分配率为 3 元/小时。本月生产产品 600 件，实际使用工时为 2 000 小时，实际发生的变动制造费用为 8 000 元。则变动制造费用效率差异为(　　)元。

A. 1 200　　　　B. 2 400　　　　C. 3 200　　　　D. 2 000

【答案】 B

【解析】 变动制造费用效率差异＝标准分配率×(实际工时－标准工时)＝3×(2 000－2×600)＝2 400(元)。

五、成本差异的核算程序

(1) 根据"原材料""生产成本"和"库存商品"等账户登记标准成本。

(2) 设置成本差异账户分别登记各种成本差异。有关的差异分别计入各成本差异账户，各种不利差异，应分别计入有关差异账户的借方；各种有利差异，应分别计入有关差异账户的贷方。

(3) 计算和分析各项成本差异。

【例题 8-4·多项选择题】 各成本差异账户的贷方登记(　　)。

A. 成本超支差异　　　　　　　B. 成本节约差异
C. 超支差异转出额　　　　　　D. 节约差异转出额

【答案】 BC

【解析】 有关的差异分别计入各成本差异账户,各种不利差异,应分别计入有关差异账户的借方;各种有利差异,应分别计入有关差异账户的贷方。同时,相反方向登记差异转出额。

思考与练习

一、单项选择题

1. 在下列选项中,属于标准成本控制系统前提和关键的是( )。
   A. 标准成本的制定　　　　　B. 成本差异的分析
   C. 成本差异的计算　　　　　D. 成本差异账务处理

2. 在标准成本控制下的成本差异是指( )。
   A. 实际成本与标准成本的差异　　B. 实际成本与计划成本的差异
   C. 预算成本与标准成本的差异　　D. 实际成本与预算成本的差异

3. 在实际工作中运用最广泛的一种标准成本是( )。
   A. 理想标准成本　　　　　　B. 宽松标准成本
   C. 现实标准成本　　　　　　D. 正常标准成本

4. 根据正常的耗用水平、正常的价格和正常的生产经营能力利用程度制定的标准成本是( )。
   A. 平均标准成本　　　　　　B. 理想标准成本
   C. 正常标准成本　　　　　　D. 现实标准成本

5. 下列属于用量标准的是( )。
   A. 材料消耗量　　　　　　　B. 小时工资率
   C. 原材料价格　　　　　　　D. 小时制造费用

6. 在标准成本制度下,分析计算各成本项目价格差异的用量基础是( )。
   A. 标准产量下的标准用量　　B. 实际产量下的标准用量
   C. 标准产量下的实际用量　　D. 实际产量下的实际用量

7. 直接材料数量差异一般应由( )负责。
   A. 采购部门　　　　　　　　B. 生产部门
   C. 人事部门　　　　　　　　D. 质量控制部门

8. 通常应对不利的材料价格差异负责的部门是( )。
   A. 质量控制部门　　　　　　B. 采购部门

C. 工程设计部门　　　　　　D. 生产部门

9. 标准成本可以按成本项目分别反映,每个成本项目的标准成本可按下式(　　)计算得到。

　A. 价格标准×实际用量　　　B. 实际价格×用量标准
　C. 实际价格×实际用量　　　D. 价格标准×用量标准

10. 计算数量差异要以(　　)为基础。

　A. 标准价格　　　　　　　　B. 实际价格
　C. 标准成本　　　　　　　　D. 实际成本

11. 本月生产甲产品8 000件,实际耗用A材料32 000千克,其实际价格为每千克40元。该产品A材料的用量标准为3千克,标准价格为45元,其直接材料用量差异为(　　)元。

　A. 360 000　　　　　　　　B. 320 000
　C. 200 000　　　　　　　　D. －160 000

12. 在成本差异分析中,变动制造费用耗费差异类似于(　　)。

　A. 直接材料价格差异　　　　B. 直接材料用量差异
　C. 直接人工效率差异　　　　D. 直接人工成本差异

13. 变动制造费用的价格差异即(　　)。

　A. 效率差异　　B. 开支差异　　C. 耗费差异　　D. 能量差异

14. 某公司采用标准成本法进行成本控制。某种产品的变动制造费用标准分配率为3元/小时,每件产品的标准工时为2小时。2015年6月,该产品的实际产量是100件,实际工时为250小时,实际发生变动制造费用1 000元,变动制造费用耗费差异为(　　)元。

　A. 150　　　B. 200　　　C. 250　　　D. 400

15. 某产品工时消耗定额为2小时,变动制造费用标准分配率为3元/小时。本月生产产品600件,实际使用工时2 000小时,实际发生变动制造费用8 000元。则变动制造费用效率差异为(　　)元。

　A. 1 200　　　B. 2 400　　　C. 3 200　　　D. 2 000

16. 不可以套用"用量差异"和"价格差异"模式的成本项目是(　　)。

　A. 直接材料　　　　　　　　B. 直接人工
　C. 固定性制造费用　　　　　D. 变动性制造费用

17. 使用三因素分析法分析固定资产差异时,固定制造费用效率差异反映(　　)。

　A. 实际耗费与预算金额的差异

B. 实际工时脱离生产能量形成的差异

C. 实际工时脱离实际产量标准工时形成的差异

D. 实际产量标准工时脱离生产能量形成的差异

二、多项选择题

1. 造成直接材料成本差异的原因中,应由采购部门负责的有(　　)。
   A. 材料质量　　　　　　　　B. 材料价格
   C. 生产设备状况　　　　　　D. 供应商选择

2. 在材料成本差异分析中,(　　)。
   A. 价格差异的大小是由价格脱离标准的程度以及实际用量高低所决定的
   B. 价格差异的大小是由价格脱离标准的程度以及标准用量高低所决定的
   C. 数量差异的大小是由用量脱离标准的程度以及标准价格高低所决定的
   D. 数量差异的大小是由用量脱离标准的程度以及实际价格高低所决定的

3. 影响人工效率的因素是多方面的,包括(　　)。
   A. 生产工人的技术水平　　　B. 作业计划安排的周密性
   C. 原材料的质量　　　　　　D. 设备的状况

4. 直接人工成本差异计算包括(　　)。
   A. (实际工时－标准工时)×实际工资率
   B. (实际工时－标准工时)×标准工资率
   C. (实际工资率－标准工资率)×实际工时
   D. (实际工资率－标准工资率)×标准工时

5. 下列差异中,一般应由生产部门承担责任的有(　　)。
   A. 直接材料用量差异　　　　B. 直接人工效率差异
   C. 直接材料价格差异　　　　D. 工资率差异

三、计算题

1. 已知:某企业生产 A 产品,有关资料如下:

(1) 生产 A 产品,耗用甲、乙两种材料。其中,甲材料的标准价格为每千克 20 元,乙材料的标准价格为每千克 32 元。单位产品耗用甲材料的标准为每件 5 千克,乙材料为每件 9 千克。

(2) 甲产品单位标准工时为 13 小时,直接人工标准工资率为 7.5 元。

(3) 固定制造费用预算数为 61 000 元;变动制造费用预算数为 38 000 元。标准总工时数为 10 000 小时。

要求：制定 A 产品的标准成本。

2. 某企业生产甲产品，直接材料标准成本资料如表 8-1 所示。

表 8-1　直接材料标准成本资料

项目	价格标准	用量标准	标准成本
直接材料	1.5 元/千克	0.9 千克/件	1.35 元/件

材料实际单价为 1.40 元，生产实际耗用我 8 000 千克，生产甲产品 10 000 件。

要求：(1) 计算直接材料成本总差异，并指出是有利差异还是不利差异。

(2) 分别计算材料用量差异和价格差异。

3. 某公司生产一种化工产品，每桶的直接人工的标准成本如下：直接人工的价格标准为 25 元/工时，用量标准为每桶 10 工时。本期该化工产品的实际产量为 1 500 桶，实际耗用直接人工 15 500 工时，实际支付人工成本 395 250 元。

要求：计算本期的工资率差异（价格差异）和工时耗用量差异（数量差异），并说明是有利差异还是不利差异。

4. A 产品标准变动制造费用分配率为 3.6 元/小时，工时标准为 1.5 小时/件。假定企业本月实际生产 A 产品 8 000 件，用工 10 000 小时，实际发生变动制造费用 40 000 元。

要求：(1) 计算变动制造费用的效率差异。

(2) 计算变动制造费用的耗费差异。

5. 某企业月固定制造费用预算总额为 100 000 元，固定制造费用标准分配率为 10 元/小时，本月制造费用实际开支额为 88 000 元，生产 A 产品 4 000 个，其单位产品标准工时为 2 小时/个，实际用工为 7 400 小时。

要求：(1) 用两差异分析法进行固定制造费用的差异分析。

(2) 用三差异分析法进行固定制造费用的差异分析。

第九章 作业成本法

重点、难点讲解及典型例题

一、作业成本法的含义

作业成本法是一种以作业为基础,通过对所有作业活动进行动态追踪,根据各项作业费用的消耗情况,将间接成本和辅助费用更准确地分配到产品和服务的一种成本计算方法。

【例题 9-1·单项选择题】 作业成本法是将(　　)更准确地分配到作业、生产过程、产品中的一种成本计算方法。

A. 间接成本　　B. 直接成本　　C. 直接人工　　D. 直接材料

【答案】 A

【解析】 作业成本法是一种以作业为基础,通过对所有作业活动进行动态追踪,根据各项作业费用的消耗情况,将间接成本和辅助费用更准确地分配到产品和服务的一种成本计算方法。

二、作业成本法的核心概念

(一) 资源

资源是指作业耗费的人工、能源和实物资产(如车床和厂房)等。

(二) 作业

作业是指在一个组织内为了达到某一目的而进行的耗费资源的工作,它是作业成本计算系统中最小的成本归集单元。

【例题 9-2·判断题】 作业成本法的原理是产品消耗作业,客户消耗资源。(　　)

【答案】 ×

【解析】 作业成本法的原理是产品消耗作业,作业消耗资源。

(三) 成本动因

成本动因相关内容如表 9-1 所示。

表 9-1　成本动因相关内容

含义	成本动因亦称成本驱动因素,是指导致成本发生的因素,即成本的诱因
作用	在作业成本法下,成本动因是成本分配的依据

(续表)

分类	资源动因	资源动因是引起作业成本变动的驱动因素。根据资源动因可预计将资源成本分配给各有关作业
	作业动因	作业动因是引起产品成本变动的驱动因素。作业动因计量各种产品对作业耗用的情况,并被用来作为作业成本的分配基础

【例题 9-3·判断题】 在作业成本法中,诱致成本发生的原因包括成本动因和作业动因。 (　　)

【答案】 ×

【解析】 在作业成本法中,诱致成本发生的原因包括资源动因和作业动因。

三、作业成本的计算程序

(一) 作业认定

作业认定即确认每一项作业完成的工作以及执行该作业耗用的资源成本。作业认定有两种形式:一种形式是根据企业总的生产流程,自上而下进行分解;另一种形式是通过与员工和经理进行交谈,自下而上地确定他们所做的工作,并逐一认定各项作业。

(二) 设计作业成本库

作业成本库可按以下四类进行设计:

(1) 单位级作业成本库。
(2) 批次级作业成本库。
(3) 品种级作业成本库。
(4) 生产维持级作业成本库。

(三) 资源成本分配到作业

资源成本借助于资源成本动因分配到各项作业。资源成本动因和作业成本之间存在因果关系。

(四) 作业成本分配到成本对象

在确定了作业成本之后,根据作业成本动因计算单位作业成本,再根据作业量计算成本对象应负担的作业成本。

四、作业成本法的优点、局限性与适用条件

(一) 作业成本法的优点

(1) 可以获得更准确的产品和产品线成本。

(2) 有助于改进成本控制。

(3) 为战略管理提供信息支持。

(二) 作业成本法的局限性

(1) 开发和维护费用较高。

(2) 作业成本法不符合对外财务报告的需要。

(3) 确定成本动因比较困难。

(4) 不利于管理控制。

(三) 作业成本法的适用条件

(1) 制造费用在产品成本中占有较大比重。

(2) 产品多样性程度高。

(3) 公司面临的竞争激烈。

(4) 公司的规模比较大。

【例题9-4·判断题】 作业成本的实施成本较传统成本低。（　　）

【答案】 ×

【解析】 作业成本法的局限性有：开发和维护费用较高；作业成本法不符合对外财务报告的需要；确定成本动因比较困难；不利于管理控制。

五、增值作业与非增值作业的划分

增值作业与非增值作业是站在顾客角度划分的。增加顾客价值的作业是增值作业；否则就是非增值作业。

【例题9-5·多项选择题】 作为成本管理的一个重要内容是寻找非增值作业，将非增值成本降至最低，下列各项中，属于非增值作业的有（　　）。

A. 从仓库到车间的材料运输作业　　B. 零部件加工作业

C. 零部件组装作业　　D. 产成品质量检验作业

【答案】 AD

【解析】 非增值作业是指即便消除也不会影响产品对顾客服务的潜能，不必要的或可消除的作业，如果一项作业不能同时满足增值作业的三个条件，就可断定其为非增值作业。这三个条件分别是：该作业导致了状态的改变；该状态的变化不能由其他作业来完成；该作业使其他作业得以进行。例如，检验作业（选项D），只能说明产品是否符合标准，而不能改变其形态，不符合第一个条件；从仓库到车间的材料运输作业可以通过将原料供应商的交货方式改变为直接送达原料使用部门从而消除，故也属于非增值作业。

思考与练习

一、单项选择题

1. 作业成本法的成本计算是以（　　）为中心。
   A. 产品　　　　B. 作业　　　　C. 费用　　　　D. 资源

2. 传统成本计算法的计算对象为（　　）。
   A. 资源　　　　B. 作业中心　　C. 费用　　　　D. 最终产品

3. 作业成本法适用于具有以下特征的企业（　　）。
   A. 间接生产费用比重较大　　　　B. 作业环节较少
   C. 间接生产费用比重较小　　　　D. 产品品种较少

4. 作业成本法把企业看作是为满足顾客需要而设计的一系列（　　）的集合。
   A. 契约　　　　B. 作业　　　　C. 产品　　　　D. 生产线

5. 在现代制造企业中（　　）的比重加大,结构也发生了很大的变化。
   A. 直接人工　　B. 直接材料　　C. 间接费用　　D. 期间费用

6. 作业消耗一定的（　　）。
   A. 成本　　　　B. 时间　　　　C. 费用　　　　D. 资源

7. 在作业成本计算法下,先要确认作业中心,将（　　）归集到各作业中心。
   A. 资源耗费的价值　　　　　　　B. 直接材料
   C. 直接人工　　　　　　　　　　D. 价值管理工作

8. （　　）是将作业成本分配到产品或者服务中的标准,也是将作业耗费与成本标的相联结的因子。
   A. 资源动因　　B. 作业动因　　C. 成本动因　　D. 价值动因

9. （　　）是将各项资源费用归集到不同作业的依据,反映了作业与资源的关系。
   A. 资源动因　　B. 作业动因　　C. 成本动因　　D. 价值动因

10. （　　）是为多种产品生产提供服务的作业。
    A. 不增值作业　　　　　　　　　B. 产品作业
    C. 过程作业　　　　　　　　　　D. 共同消耗作业

11. 与传统成本法相比,作业成本法更注重成本信息对决策的（　　）。
    A. 可靠性　　　B. 有用性　　　C. 可比性　　　D. 一致性

12. 甲企业采用作业成本法计算产品成本,每批产品生产前需要进行机器调试,在对调试作业中心进行成本分配时,最适合采用的作业成本动因是( )。

A. 产品品种　　B. 产品数量　　C. 产品批次　　D. 每批产品数量

二、多项选择题

1. 资源实质上是指为了产出作业或产品而进行的费用支出,它包括( )。

A. 货币资源　　B. 材料资源　　C. 人力资源　　D. 动力资源

2. 成本动因的分类有很多依据,其中根据一般的分类,即将成本动因分为( )。

A. 资源动因　　B. 作业动因　　C. 人工费用　　D. 直接材料

3. 作业应具备( )的特征。

A. 作业是以人为主体　　　　　　B. 作业消耗一定的资源

C. 作业的范围可以被限定　　　　D. 区分不同作业的标志是作业目的

4. 作业成本法的原理有( )。

A. 产品加工消耗设备折旧　　　　B. 产品消耗作业

C. 作业消耗资源　　　　　　　　D. 服务客户需要场地

5. 下列有关"资源动因"的表述中,正确的有( )。

A. 它是引起作业成本变动的因素

B. 它是引起产品成本变动的因素

C. 它被用来衡量一项作业对资源的消耗量,运用它可以将资源成本分配给各有关作业

D. 它是计量各种产品对作业耗用的情况,并被用来作为作业成本的分配基础

6. 下列各项作业中,属于品种级作业的有( )。

A. 产品组装　　　　　　　　　　B. 产品生产工艺改造

C. 产品检验　　　　　　　　　　D. 产品推广方案制定

三、计算题

1. 华夏公司生产甲、乙两种产品,其中甲产品 900 件,乙产品 300 件,其作业情况数据如表 9-2 所示。

表 9-2 作业情况数据

作业成本库	耗用资源	作业动因	作业动因量		
			甲产品	乙产品	合计
材料处理	18 000	移动次数	400	200	600
材料采购	25 000	订单件数	350	150	500

(续表)

作业成本库	耗用资源	作业动因	作业动因量		
			甲产品	乙产品	合计
使用机器	35 000	机器小时	1 200	800	2 000
设备维修	22 000	维修小时	700	400	1 100
质量控制	20 000	质检次数	250	150	400
产品运输	16 000	运输次数	50	30	80
合计	136 000				

要求：按作业成本法计算甲、乙两种产品的成本，并填制表9-3。

表9-3　资　料　表

作业成本库	耗用资源	作业动因量	动因分配率	甲产品作业成本	乙产品作业成本
材料处理	18 000	600			
材料采购	25 000	500			
使用机器	35 000	2 000			
设备维修	22 000	1 100			
质量控制	20 000	400			
产品运输	16 000	80			
合计总成本	136 000				
产量				900	300
单位成本					

2. 华夏公司生产和销售甲、乙两种产品，两种产品的财务和成本数据如表9-4所示。

表9-4　成本数据表

项目	甲产品	乙产品
产量(台)	5 000	15 000
售价(元)	4 000	2 000
直接材料和人工成本(元)	2 000	800
直接人工工时(小时)	25 000	75 000

公司管理会计师划分了如表9-5所列作业的间接成本费用及作业动因。

表 9-5 资 料 表

作　　业	间接成本费用	作业动因
调整	3 000 000	调整次数
机器运行	16 250 000	机器运行小时
包装	750 000	包装数量
合计	20 000 000	

两种产品的实际作业量如表 9-6 所示。

表 9-6 实 际 作 业 量

作业动因	甲产品的作业动因量	乙产品的作业动因量	合计
调整次数	200	100	300
机器运行小时	55 000	107 500	162 500
包装数量	5 000	10 000	15 000

要求：采用作业成本法计算两种产品的单位间接成本。

第十章 全面预算管理

重点、难点讲解及典型例题

一、预算的含义

预算是企业在预测、决策的基础上,以数量和金额的形式反映企业未来一定时期内经营、投资、财务等活动的具体计划,是为实现企业目标而对各种资源和企业活动作的详细安排。

【**例题 10-1·多项选择题**】 企业预算最主要的两大特征是( )。

A. 数量化　　　B. 表格化　　　C. 可伸缩性　　　D. 可执行性

【**答案**】 AD

【**解析**】 数量化和可执行性是预算最主要的特征。

二、预算的分类

(1) 根据内容不同,企业预算可以分为业务预算(即经营预算)、专门决策预算和财务预算。

业务预算是指与企业日常经营活动直接相关的经营业务的各种预算。它主要包括销售预算、生产预算、直接材料预算、直接人工预算、制造费用预算、产品成本预算、销售费用预算和管理费用预算等。

专门决策预算是指企业不经常发生的、一次性的重要决策预算。

财务预算是指企业在计划期内反映有关预计现金收支、财务状况和经营成果的预算,主要包括现金预算和预计财务报表。

(2) 按预算指标覆盖的时间长短,企业预算可分为长期预算和短期预算。

【**例题 10-2·单项选择题**】 专门反映企业未来一定预算期内财务状况、经营成果和现金收支的一系列计划,预计资产负债表、预计利润表和现金收支预算等属于( )。

A. 全面预算　　　B. 经营预算　　　C. 资本预算　　　D. 财务预算

【**答案**】 D

【**解析**】 财务预算主要包括现金预算、预计利润表、预计资产负债表、预计现金流量表四项内容。财务预算以经营预算和资本预算为基础,是企业全面预算编制结果的财务体现。

【**例题 10-3·单项选择题**】 从内容上看,下列不属于财务预算的是( )。

A. 预计利润表　　　　　　　　B. 现金收支预算

C. 预计资产负债表　　　　　　　D. 投资预算

【答案】 D

【解析】 资本预算主要是对长期使用的资产的采购支出计划和其所需资金的供应来源进行的预算。资产需求预测的错误常常会导致严重的后果,如果企业在资产方面投资过多,将带来不必要的支出,如果投资过少,则会使企业的设备不够现代化而失去竞争力,由此可见,投资预算属于资本预算的内容。

三、全面预算体系

全面预算由业务预算、专门决策预算和财务预算等一系列预算组成,它们相互衔接并互相勾稽,共同构成了一个综合的预算体系。

四、预算工作的组织

预算工作的组织包括决策层、管理层、执行层和考核层,预算工作的组织如表 10-1 所示。

表 10-1　预算工作的组织

负责机构	具体任务、权利和职责	组织
董事会、经理办公会或类似机构	对企业预算管理负总责,并对企业法定代表人负责	决策层
预算委员会或财务管理部门	拟定目标、审议、平衡预算方案;组织下达预算,协调解决问题,组织审计、考核等	管理层和考核层
财务管理部门	跟踪管理,监督执行,分析差异及原因,提出改进管理的意见与建议	管理层和考核层
企业内部各职能部门	其主要负责人参与企业预算委员会的工作,并对本部门预算执行结果承担责任	执行层
企业所属基层单位	其主要负责人对本单位财务预算的执行结果承担责任	执行层

【例题 10-4·单项选择题】 下列各项中,对企业预算管理工作负总责的组织是(　　)。

A. 财务部　　　B. 董事会　　　C. 监事会　　　D. 股东会

【答案】 B

【解析】 企业董事会或类似机构应当对企业预算的管理工作负总责。

五、全面预算的编制方法

企业全面预算的构成内容比较复杂,编制预算需要采用适当的方法。常见的预算方法主要包括固定预算法和弹性预算法、增量预算法与零基预算法、定期预算法与滚动预算法,这些方法广泛应用于营业活动有关预算的编制。

【例题 10-5·多项选择题】 预算编制的方法包括(　　)。

A. 固定预算与弹性预算　　　　B. 零基预算与增量预算
C. 财务预算与资本预算　　　　D. 经营预算与投资预算
E. 滚动预算与定期预算

【答案】 ABE

【解析】 企业全面预算的构成内容比较复杂,编制预算需要采用适当的方法。常见的预算方法主要包括固定预算法和弹性预算法、增量预算法与零基预算法、定期预算法与滚动预算法,这些方法广泛应用于营业活动有关预算的编制。

(一) 增量预算法与零基预算法

增量预算法与零基预算法的定义和特点如表 10-2 所示。

表 10-2　增量预算法与零基预算法

方法	定义	特点
增量预算法	以基期成本费用水平为基础,结合预算期业务量水平及有关降低成本的措施,通过调整有关费用项目而编制预算的方法	优点:编制工作量小 缺点:可能导致无效费用开支项目无法得到有效控制;可能使原来不合理的费用继续开支而得不到控制,形成不必要开支合理化,造成预算上的浪费
零基预算法	不考虑以往会计期间所发生的费用项目或费用数额,而是一切以零为出发点,从实际需要逐项审议预算期内各项费用的内容及开支标准是否合理,在综合平衡的基础上编制费用预算的方法	优点: (1) 不受现有费用项目的限制; (2) 不受现行预算的束缚; (3) 能够调动各方面节约费用的积极性; (4) 有利于促使各基层单位精打细算,合理使用资金。 缺点:编制工作量大

(二) 固定预算法与弹性预算法

固定预算法与弹性预算法的定义和特点如表 10-3 所示。

表 10-3　固定预算法与弹性预算法

方法	定义	特点
固定预算法 (静态预算)	在编制预算时,只根据预算期内正常、可实现的某一固定的业务量(如生产量、销售量等)水平作为唯一基础来编制预算的方法	(1) 适应性差; (2) 可比性差

(续表)

方法	定义	特点
弹性预算法（动态预算）	是在成本性态分析的基础上，依据业务量、成本和利润之间的联动关系，按照预算期内可能的一系列业务量（如生产量、销售量、工时等）水平编制的系列预算方法	(1) 弹性预算是按一系列业务量水平编制的，从而扩大了预算的适用范围； (2) 弹性预算是按成本性态分类列示的，在预算执行中可以计算一定实际业务量的预算成本，便于预算执行的评价和考核

(三) 定期预算法与滚动预算法

定期预算法与滚动预算法的定义和特点如表 10-4 所示。

表 10-4　定期预算法与滚动预算法

方法	定义	特点
定期预算法	以不变的会计期间（如日历年度）作为预算期的一种编制预算的方法	优点：能够使预算期间与会计期间相对应，便于将实际数与预算数进行对比，也有利于对预算执行情况进行分析和评价。 缺点：固定以 1 年为预算期，在执行了一段时期之后，往往使管理人员只考虑剩下来的几个月的业务量，缺乏长远打算，导致一些短期行为的出现
滚动预算法（连续预算、永续预算）	将预算期与会计期间脱离开，随着预算的执行不断地补充预算，逐期向后滚动，使预算期始终保持为一个固定长度（一般为 12 个月）的一种预算方法	优点：能够保持预算的持续性，有利于结合企业近期目标和长期目标，考虑未来业务活动；使预算随时间的推进不断加以调整和修订，能使预算与实际情况更相适应，有利于充分发挥预算的指导和控制作用。 缺点：不能保证预算期间与会计期间匹配，不便于依据会计报告的数据考核和评价预算的执行结果；工作量较大

思考与练习

一、单项选择题

1. 零基预算的编制基础是（　　）。
   A. 零
   B. 基期的费用水平
   C. 国内外同行业费用水平
   D. 历史上费用的最低水平
2. 编制弹性成本预算的关键在于（　　）。

A. 分解制造费用

B. 确定材料标准耗用量

C. 选择业务量计量单位

D. 将所有成本划分为固定成本与变动成本两大类

3. 编制弹性预算首先应当考虑及确定的因素是（   ）。

  A. 业务量 B. 变动成本 C. 固定成本 D. 计量单位

4. 某企业制造费中油料费用与机器工时密切相关,预计预算期固定油料费用为 10 000 元,单位工时的变动油料费用为 10 元,预算期机器总工时为 3 000 小时,则预算期油料费用预算总额为(   )元。

  A. 10 000 B. 20 000 C. 30 000 D. 40 000

5. 随着业务量的变动作机动调整的预算是(   )。

  A. 滚动预算 B. 弹性预算 C. 增量预算 D. 零基预算

6. 下列项目中,能够克服定期预算缺点的是(   )。

  A. 固定预算 B. 弹性预算 C. 滚动预算 D. 零基预算

7. 在下列各项中,不属于滚动预算方法的滚动方式的是(   )。

  A. 逐年滚动方式 B. 逐季滚动方式

  C. 逐月滚动方式 D. 混合滚动方式

8. 随着预算执行不断补充预算,但始终保持一个固定预算期长度的预算编制方法是(   )。

  A. 滚动预算法 B. 弱性预算法

  C. 零基预算法 D. 定期预算法

9. 滚动预算的基本特点是(   )。

  A. 预算期是相对固定的 B. 预算期是连续不断的

  C. 预算期与会计年度一致 D. 预算期不可随意变动

10. 编制全面预算的基础是(   )。

  A. 直接材料预算 B. 直接人工预算

  C. 生产预算 D. 销售预算

11. 下列关于生产预算的表述中,错误的是(   )。

  A. 生产预算是一种业务预算

  B. 生产预算不涉及实物量指标

  C. 生产预算以销售预算为基础编制

  D. 生产预算是直接材料预算的编制依据

12. 下列预算中,在编制时不需以生产预算为基础的是( )。

   A. 变动制造费用预算　　　　　　B. 销售费用预算

   C. 产品成本预算　　　　　　　　D. 直接人工预算

13. 某公司预计计划年度期初应付账款余额为 200 账户,1 至 3 月份采购金额分别为 500 万元、600 万元和 800 万元,每月的采购款当月支付 70%,次月支付 30%。则预计一季度现金支出额是( )万元。

   A. 2 100　　　B. 1 900　　　C. 1 860　　　D. 1 660

14. 丙公司预计 2023 年各季度的销售量分别为 100 件、120 件、180 件、200 件。预计每季度末产成品存货为下一季度销售量的 20%,丙公司第二季度预计生产量为( )件。

   A. 156　　　B. 132　　　C. 136　　　D. 120

15. 资本支出预算是( )。

   A. 财务预算　　B. 生产预算　　C. 专门决策预算　　D. 业务预算

16. 全面预算按其涉及的业务活动领域分为财务预算和( )。

   A. 业务预算　　B. 销售预算　　C. 生产预算　　D. 现金预算

17. 可以概括了解企业在预算期间盈利能力的预算是( )。

   A. 专门决策预算　　　　　　　　B. 现金预算

   C. 预计利润表　　　　　　　　　D. 预计资产负债表

二、多项选择题

1. 在管理会计中,构成全面预算内容的有( )。

   A. 业务预算　　B. 财务预算　　C. 专门决策预算　　D. 零基预算

   E. 滚动预算

2. 在下列预算中,属于业务预算的内容的有( )。

   A. 资本支出预算　　B. 销售预算　　C. 生产预算　　D. 零基预算

3. 财务预算的主要内容包括( )。

   A. 现金预算　　　　　　　　　　B. 预计利润表

   C. 预计资产负债表　　　　　　　D. 销售预算

4. 下列关于财务预算的表述中,正确的有( )。

   A. 财务预算多为长期预算

   B. 财务预算又被称作总预算

   C. 财务预算是全面预算体系的最后环节

   D. 财务预算主要包括现金预算和预计财务报表

5. 编制预算的方法按其业务量基础的数量特征不同,可分为( )。
A. 固定预算　　B. 零基预算　　C. 滚动预算　　D. 弹性预算

三、判断题

1. 预算管理就是全面预算管理。（　）
2. 生产预算是全面预算的起点,也是全面预算的基础。（　）
3. 有的预算项目可能只使用实物量单位计算。（　）
4. 专门决策预算主要反映项目投资与筹资计划,是编制现金预算和资产负债表预算的依据之一。（　）
5. 预算财务报表的编制程序是先收益表后资产负债表。（　）

四、计算及账务处理题

1. 星海公司预算期间 2×23 年度简略销售情况如表 10-5 所示,若销售当季度收回货款 60%,次季度收款 35%,第三季度收款 5%,预算年度期初应收账款金额为 22 000 元,其中包括上年度第三季度销售的应收款 4 000 元,第四季度销售的应收账款 18 000 元。

表 10-5 销售情况表

季度	一	二	三	四	合计
销售量(件)	2 500	3 750	4 500	3 000	13 750
销售单价(元)	20	20	20	20	20

要求:根据上述资料编制预算年度的销售预算,填写表 10-6。

表 10-6 销售预算表

	项目	一季度	二季度	三季度	四季度
预计销售量	预计销售量(件)	2 500	3 750	4 500	3 000
	销售单价(元/件)	20	20	20	20
	预计销售金额	(1)	(2)	(3)	(4)
	本年期初应收账款	(5)	(6)		
	一季度销售收现	(7)	17 500	2 500	
	二季度销售收现		45 000	(8)	3 750
	三季度销售收现			54 000	31 500
	四季度销售收现				36 000

2. 某公司生产甲产品,一季度至四季度的预计销售量分别为 1 000 件、800 件、900 件、850 件,生产每件甲产品需要 2 千克 A 材料。公司的政策是每一季度末的产成品存货数量等于下一季度销售量的 10%,每一季度末的材料存量等于下一季度生产需要量的 20%。

要求:请填写表 10-7,计算该公司第二季度的预计材料采购量(单位:千克)。

表 10-7 预计材料采购量

项目	一季度	二季度	三季度	四季度
销量	1 000	800	900	850
加:期末存货量 (下一季度销售量的 10%)	(1)	(2)	(6)	
减:期初存货量 (上期期末)	—	(3)	(7)	
生产量	—	(4)	(8)	
生产需用材料数量	—	810×2=1 620	895×2=1 790	
加:期末材料存量 (下一季度生产需要量的 20%)		(5)	358	
减:期初存量(上期期初)		(9)		
材料采购量		(10)		

3. 华夏公司只产销一种甲产品,甲产品只消耗乙材料。2×22 年第 4 季度按定期预算法编制 2×23 年的企业预算,部分预算资料如下:

资料一:乙材料 2×23 年年初的预计结存量为 2 000 千克,各季度末乙材料的预计结存量数据如表 10-8 所示。

表 10-8 2×23 年各季度末乙材料预计结存量

季度	一	二	三	四
乙材料(千克)	1 000	1 200	1 200	1 300

每季度乙材料的购货款于当季支付 40%,剩余 60% 于下一个季度支付;2×23 年年初的预计应付账款余额为 80 000 元。该公司 2×23 年度乙材料的采购预算如表 10-9 所示。

表 10-9 2×23 年度乙材料的采购预算

项 目	一季度	二季度	三季度	四季度	全年
预计甲产品量(件)	3 200	3 200	3 600	4 000	14 000
材料定额单耗(千克/件)	5	*	*	*	*

(续表)

项　目	一季度	二季度	三季度	四季度	全年
预计生产需要量(千克)	*	16 000	*	*	70 000
加:期末结存量(千克)	*	*	*	*	*
预计需要量合计(千克)	17 000	A	19 200	21 300	B
减:期初结存量(千克)	*	1 000	C	*	*
预计材料采购量(千克)	D	*	*	20 100	E
材料计划单价(元/千克)	10	*	*	*	*
预计采购金额(元)	150 000	162 000	180 000	201 000	693 000

注：表 10-9 内"材料定额单耗"是指在现有生产技术条件下，生产单位产品所需要的材料数量；全年乙材料计划单价不变；表内的"*"为省略的数值。

要求：

(1) 确定华夏公司乙材料采购预算表中用字母表示的项目数值。

(2) 计算华夏公司第一季度预计采购现金支出和第四季度末预计应付款金额。

4. 华夏公司只生产一种产品，产品售价 8 元/件。2×23 年 7 月销售 20 000 件，2×23 年 8 月销售 30 000 件，2×23 年 9 月预计销售 40 000 件。根据经验，商品售出后当月可收回货款的 60%，次月收回 30%，再次月收回 10%。

要求：

(1) 2×23 年 9 月预计现金收入为多少？

(2) 2×23 年 9 月末应收账款为多少？

5. A 企业正在着手编制 2×23 年 9 月份的现金预算。有关资料如下：

(1) 2×23 年 8 月末现金余额为 8 000 元。

(2) 2×23 年 8 月末长期有息负债余额为 12 000 元，已知年利率 4%，按季支付利息。

(3) 2×23 年 8 月末应收账款 4 000 元，预计月内可收回 80%。

(4) 9 月预计销售产品 10 000 件，每件 5 元，增值税税率为 13%，预计月内销售的收款比例为 50%。

(5) 9 月需要采购材料一批，共需支付 9 360 元，70% 当月付现，其余下月付现。

(6) 2×23 年 8 月末应付账款余额 5 000 元，付款政策同(5)。

(7) 9 月内以现金支付直接人工 8 400 元。

(8) 9 月制造费用、销售费用和管理费用付现共 13 854 元。

(9) 9 月购买设备支付现金 20 900 元。

(10) 所得税按照季度预交，在季度末支付，每次支付 3 000 元。

(11) 公司的筹资政策:企业现金不足时可向银行借款,借款金额为100元的整数倍数,年利率为6%,按月支付利息,借款在期初,还款在期末。

(12) 要求月末现金余额介于5 000元~5 100元。

要求:(1) 计算可供使用现金。

(2) 计算现金支出总额。

(3) 计算现金余缺数值。

(4) 确定向银行借款或归还银行借款的数额。

第十一章 业绩考核与评价

 重点、难点讲解及典型例题

一、责任中心

责任中心是指承担一定经济责任,并享有一定权利的企业内部(责任)单位。责任中心就是将企业经营体分割成拥有独自产品或市场的多个业绩责任单位,将总部的管理责任授权给这些单位之后,将他们处于市场竞争环境之下,通过客观性的利润计算,实施必要的业绩衡量与奖惩,以期达成企业设定的经营成果的一种管理制度。

划分责任中心并不是以成本利润或投资的发生额大小为依据的,而是依据发生与否和是否能分清责任。凡是管理上可分、责任可以辨认、成绩可以单独考核的单位,都可以划分为责任中心,大到分公司、地区工厂或部门,小到车间、班组或某一个机台。责任中心具有以下特点:

(1) 它是一个责权利相结合的实体。
(2) 具有承担经济责任的条件。
(3) 责任和权利皆可控。
(4) 有一定经营业务和财务收支活动。
(5) 便于进行责任会计核算。

按照责任对象的特点和责任范围的大小,责任中心可分为成本中心、利润中心和投资中心。

【例题 11-1·多项选择题】 在下列各项中,能够揭示责任中心特点的项目有( )。

　　A. 责权利相结合　　　　　　　　B. 责任与权力都是可控的
　　C. 具有承担经济责任的条件　　　D. 能进行责任核算、业绩考核与评价
　　E. 有相对独立的经营业务和财务收支活动

【答案】 ABCDE

【解析】 责任中心具有以下特点:它是一个责权利相结合的实体;具有承担责任的条件;责任和权利皆可控;有一定经营业务和财务收支活动;便于进行责任会计核算。

【例题 11-2·多项选择题】 下列各项中,属于责任中心内容的有( )。

　　A. 成本中心　　B. 包装中心　　C. 销售中心　　D. 利润中心
　　E. 投资中心

【答案】 ADE

【解析】 按照责任对象的特点和责任范围的大小,责任中心可分为成本中心、利润中心和投资中心。

二、成本中心

(一) 成本中心的含义

成本中心是指只对成本或费用负责的责任中心。成本中心的范围最广,只要有成本费用发生的地方,都可以建立成本中心,从而在企业形成逐级控制、层层负责的成本中心体系。

(二) 成本中心的类型

成本中心包括技术性成本中心和酌量性成本中心。

1. 技术性成本中心

技术性成本中心是把生产实物产品而发生的各种技术性成本作为控制对象的成本中心,又称为标准成本中心。

2. 酌量性成本中心

酌量性成本中心又称为费用中心,是指把为组织生产经营而发生的酌量性成本作为控制对象的成本中心。

(三) 成本中心的业绩考核与评价

成本中心是以成本作为主要控制目标的责任中心,其可控范围一般也仅仅局限在责任中心所发生的成本。成本中心业绩评价主要指标的计算公式如下:

责任成本变动额＝实际责任成本－预算责任成本

责任成本变动率＝责任成本变动额÷预算责任成本

【例题 11-3·单项选择题】 对于那些只发生费用支出的部门来说,建立的责任中心是( )。

A. 投资中心　　　B. 利润中心　　　C. 销售中心　　　D. 成本中心

【答案】 D

【解析】 成本中心是指只对成本或费用负责的责任中心。成本中心的范围最广,只要有成本费用发生的地方,都可以建立成本中心,从而形成企业逐级控制、层层负责的成本中心体系。

【例题 11-4·多项选择题】 下列各项中,属于成本中心类型的有( )。

A. 产品成本中心　　　　　　　B. 变动性成本中心

C. 销售成本中心　　　　　　D. 技术性成本中心

E. 酌量性成本中心

【答案】 DE

【解析】 成本中心包括技术性成本中心和酌量性成本中心。

【例题 11-5·多项选择题】 在下列各项指标中,属于成本中心考核范畴的有( )。

A. 责任成本增减额　　　　　B. 责任成本升降率

C. 固定成本变动率　　　　　D. 变动成本变动额

E. 变动成本变动率

【答案】 AB

【解析】 成本中心是以成本作为主要控制目标的责任中心,其可控范围一般也仅仅局限在责任中心所发生的成本。为此,成本中心业绩评价的主要指标是责任成本增减额、责任成本升降率以及与其作业相关的非财务指标等。

三、利润中心

(一) 利润中心的含义

利润中心是指对利润负责的责任中心。由于利润是收入与成本费用之差,利润中心既要对成本负责,又对收入负责。

(二) 利润中心的类型

利润中心的类型包括自然利润中心和人为利润中心两种。

(1) 自然利润中心是指可以直接对外销售产品并取得收入的利润中心。

(2) 人为利润中心是指对内部责任单位提供产品和劳务而取得"内部销售收入"的利润中心。

(三) 利润中心的业绩考核与评价

利润中心的考核指标为利润,通过比较一定期间实际实现的利润与责任预算所确定的利润,可以评价其责任中心的业绩。具体计算公式如下:

部门边际贡献＝部门销售收入－部门变动成本总额

部门可控边际贡献＝部门边际贡献－部门可控固定成本

部门税前经营利润＝部门可控边际贡献－部门不可控固定成本

【例题 11-6·单项选择题】 下列各项中,需要同时对成本、收入和利润负责的是( )。

A. 投资中心　　　　　　　　B. 利润中心
C. 成本中心　　　　　　　　D. 责任中心

【答案】　B

【解析】　利润中心是指既对成本负责又对收入和利润负责的责任中心,它有独立或相对独立的收入和生产经营决策权。利润中心的成本和收入,对利润中心来说都必须是可控的。

【例题 11-7·多项选择题】　下列各项中,可以作为内部转移价格的有(　　)。

A. 市场价格　　　　　　　　B. 折扣价格
C. 变动成本加固定费用转移价格　　D. 全部成本转移价格
E. 以市场为基础的协商价格

【答案】　ACDE

【解析】　常见的内部转移价格有以下几种:市场价格;以市场为基础的协商价格;变动成本加固定费用转移价格;全部成本转移价格。

【例题 11-8·单项选择题】　下列各项中,不属于利润中心应当拥有的权利是(　　)。

A. 价格决策权　　　　　　　B. 投资决策权
C. 生产决策权　　　　　　　D. 销售决策权

【答案】　B

【解析】　利润中心一般符合以下条件:

第一,利润中心一般是具有独立的收入来源或可以视同为一个有独立收入的部门,一般具有独立的经营权;

第二,与成本中心相比,利润中心权力和责任相对较大;

第三,利润中心既要控制成本,又要增加收入,强调相对成本节约。

投资决策权属于投资中心拥有的权利。

四、投资中心

(一) 投资中心的含义

投资中心是指既要发生成本,又能取得收入、获得利润,还有权进行投资的一种责任中心。该种责任中心不仅要对责任成本和责任利润负责,还要对投资的收益负责。

(二) 投资中心的业绩考核与评价

1. 投资报酬率

投资报酬率的计算公式如下:

投资报酬率＝营业利润÷投资额
　　　　　＝资产周转率×销售利润率
　　　　　＝资产周转率×销售成本率×成本费用利润率

2. 剩余收益

剩余收益作为业绩评价指标，它的主要优点是与增加股东财富的目标一致。其计算公式如下：

剩余收益＝营业利润－预期最低投资收益
　　　　＝营业利润－投资额×预期最低投资报酬率

【例题11-9·单项选择题】 投资中心的利润与其投资额的比率称作(　　)。

A. 投资报酬率　　B. 税前净利　　C. 内部报酬率　　D. 剩余收益

【答案】 A

【解析】 投资报酬率是投资中心一定时期内的营业利润和该投资占用额之比。

【例题11-10·多项选择题】 下列各项指标中，属于考核投资中心投资效果的有(　　)。

A. 责任成本　　B. 营业收入　　C. 贡献边际　　D. 投资报酬率

E. 剩余收益

【答案】 DE

【解析】 对投资中心进行业绩评价时，既要评价其成本和收益状况，还要结合其投入资金，全面衡量其投资报酬率大小和投资效果的好坏。一般来说，投资中心的业绩评价有两个重要财务指标：投资报酬率和剩余收益。

五、内部转移价格

(一) 市场型内部转移价格

市场型内部转移价格是指以市场价格为基础、由成本和毛利构成的内部转移价格，一般适用于利润中心。

(二) 成本型内部转移价格

成本型内部转移价格是指以企业制造产品的完全成本或变动成本等相对稳定的成本数据为基础制定的内部转移价格，一般适用于成本中心。

(三) 协商型内部转移价格

协商型内部转移价格是指企业内部供求双方通过协商机制制定的内部转移价格，主要适用于分权程度较高的企业。

六、经济增加值

经济增加值(EVA)是指从税后净营业利润中扣除全部投入资本的资本成本后的剩余收益。其计算公式如下：

经济增加值＝调整后税后净营业利润－调整后平均资本占用×加权平均资本成本

七、平衡计分卡

平衡计分卡的目标和指标来源于企业的愿景和战略，这些目标和指标从四个维度来考察企业的业绩，即财务、顾客、内部业务流程、学习与成长，这四个维度组成了平衡计分卡的框架。

思考与练习

一、单项选择题

1. 下列各项中，不属于责任中心内容的是（   ）。
   A. 成本中心   B. 投资中心   C. 销售中心   D. 利润中心

2. 成本中心控制和考核的内容是（   ）。
   A. 责任成本   B. 产品成本   C. 直接成本   D. 目标成本

3. 对于任何一个成本中心来说，其责任成本应等于该中心的（   ）。
   A. 产品成本   B. 固定成本之和
   C. 可控成本之和   D. 不可控成本之和

4. 下列各项中，不属于利润中心负责范围的是（   ）。
   A. 成本   B. 收入
   C. 利润   D. 投资效果

5. 产品在企业内部各责任中心之间销售，只能按照"内部转移价格"取得收入的利润中心是（   ）
   A. 责任中心   B. 局部的利润中心
   C. 自然的利润中心   D. 人为的利润中心

6. 考核利润中心部门经理业绩的最好指标是（   ）。
   A. 边际贡献   B. 部门税前经营利润
   C. 部门可控边际贡献   D. 部门净利润

7. 下列各项中,通常具有法人资格的责任中心是(　　)。

A. 投资中心　　B. 利润中心　　C. 成本中心　　D. 费用中心

8. 下列各项中,最适用于评价投资中心业绩的指标是(　　)。

A. 边际贡献　　B. 部门边际贡献　　C. 剩余收益　　D. 部门净利润

9. 在责任会计中,将企业办理内部交易结算和内部责任结转所使用的价格称为(　　)。

A. 变动成本　　　　　　　　B. 单项责任成本

C. 内部转移价格　　　　　　D. 重置价格

10. 下列各项中,属于平衡计分卡内部业务流程维度业绩评价指标的有(　　)。

A. 息税前利润　　　　　　　B. 资产负债率

C. 客户获得率　　　　　　　D. 存货周转率

二、多项选择题

1. 下列各项中,能够揭示责任中心特点的项目有(　　)。

A. 责权利相结合

B. 责任与权力都是可控的

C. 具有承担经济责任的条件

D. 能进行责任核算、业绩考核与评价

E. 有相对独立的经营业务和财务收支活动

2. 下列各项中,属于成本中心类型的有(　　)。

A. 产品成本中心　　　　　　B. 变动性成本中心

C. 销售成本中心　　　　　　D. 技术性成本中心

E. 酌量性成本中心

3. 下列各项指标中,属于成本中心考核范畴的有(　　)。

A. 变动成本变动率　　　　　B. 责任成本变动额

C. 责任成本变动率　　　　　D. 变动成本变动额

4. 下列各项中,揭示利润中心特征的表述包括(　　)。

A. 既能控制成本,又能控制收入和利润

B. 只控制收入不控制成本

C. 强调绝对成本控制

D. 既可以是自然形成的,也可以是人为设定的

5. 下列各项指标中,根据责任中心权、责、利关系,适用于利润中心业绩评价的

有（ ）。

　　A. 部门边际贡献　　　　　　　　B. 可控边际贡献

　　C. 投资报酬率　　　　　　　　　D. 剩余收益

6. 下列各项指标中,属于考核投资中心投资效果的有（ ）。

　　A. 责任成本　　　　　　　　　　B. 营业收入

　　C. 贡献边际　　　　　　　　　　D. 投资报酬率

　　E. 剩余收益

7. 下列各项表达式中,其计算结果等于投资报酬率指标的有（ ）。

　　A. 总资产周转率×销售利润率

　　B. 总资产周转率×销售成本率

　　C. 销售成本率×成本费用利润率

　　D. 总资产周转率×成本费用利润率

　　E. 总资产周转率×销售成本率×成本费用利润率

8. EVA 的管理内涵包括（ ）。

　　A. 评价指标　　B. 管理体系　　C. 激励制度　　D. 理念体系

　　E. 价值体系

9. EVA 与传统财务指标的最大不同,就是充分考虑了投入资本的机会成本,使得 EVA 具有（ ）的突出特点。

　　A. 度量的是资本利润　　　　　　B. 度量的是企业的利润

　　C. 度量的是资本的社会利润　　　D. 度量的是资本的超额收益

　　E. 度量的是利润总额

10. 下列各项中,属于平衡计分卡衡量的维度的有（ ）。

　　A. 财务维度　　　　　　　　　　B. 顾客维度

　　C. 内部业务流程维度　　　　　　D. 学习与成长维度

三、判断题

1. 一项对于较高层次的责任中心来说是可控成本,对于其下属的较低层次的责任中心来说,可能就是不可控成本。（　）

2. 各成本中心的可控成本之和等于企业总成本之和。（　）

3. 成本中心实际发生的责任成本大于其责任成本预算的差异是有利差异。（　）

4. 在成本中心、利润中心、投资中心中,投资中心是最基本的中心。（　）

5. 利润中心对成本的控制是联系着收入进行的,它强调相对成本的节约。（　）

6. 用剩余收益指标考核投资中心,可以在投资决策方面使各个投资中心的利益与公司的利益取得一致。（　　）

7. 如果 EVA 为负,即使当期会计利润为正,企业仍然没有创造价值,反而在吞噬股东价值。

8. 平衡计分卡指标体系的构建应围绕战略地图,针对财务、客户、内部业务流程三个维度的战略目标,确定相应的评价指标。（　　）

四、计算题

1. 某企业内部某车间为成本中心,主要生产甲产品,预算产量为 3 500 件,单位成本为 150 元,实际产量为 4 000 件,单位成本为 145.5 元。

要求:计算该成本中心的责任成本变动额及变动率。

2. 甲利润中心某年的销售收入为 10 000 元,变动成本为 4 000 元,利润中心负责人可控固定成本为 1 000 元、不可控固定成本为 500 元。

要求:计算该利润中心的考核指标。

3. D 公司为投资中心,下设甲、乙两个利润中心,相关财务资料如下:

甲利润中心营业收入为 38 000 元,边际贡献为 24 000 元,利润中心负责人可控的固定成本为 4 000 元,利润中心负责人不可控但应由该中心负担的固定成本为 7 000 元。

乙利润中心负责人可控边际贡献额为 30 000 元,利润中心部门边际贡献总额为 22 000 元。

要求:

（1）计算甲利润中心的变动成本总额、可控边际贡献、部门边际贡献总额。

（2）计算乙利润中心负责人不可控但应由该利润中心负担的固定成本。

4. 甲公司是一家以软件研发为主要业务的上市公司,下设 A 投资中心,年初已占用的投资额为 2 000 万元,预计每年可实现利润 300 万元,投资报酬率为 15%。明年初有一个投资额为 1 000 万元的投资机会,预计每年增加利润 90 万元,假设甲公司投资的必要报酬率为 10%。

要求:（1）计算接受投资机会前 A 投资中心的剩余收益。

（2）计算接受投资机会后 A 投资中心的剩余收益。

（3）判断 A 投资中心是否应接受新投资机会,为什么?

5. 某公司有三个业务类似的投资中心,使用同样的预算进行控制。本年有关数据如表 11-1 所示。

表 11-1　A、B、C 三个投资中心的相关数据　　　　　单位:万元

项　目	预算数	实际数		
		A 投资中心	B 投资中心	C 投资中心
销售收入	2 000	1 800	2 100	2 000
部门税前经营利润	180	190	200	180
平均经营资产总额	1 000	900	1 000	1 000

在年末业绩评价时,董事会对这三个投资中心的评价发生了分歧:有人认为 C 投资中心全面完成了预算,业绩最好;有人认为 B 投资中心收入和利润都超出预算,业绩最好;还有人认为 A 投资中心超过预算并节约了资金,业绩最好。

要求:假定该公司的加权平均资本成本为 12%,请对三个投资中心进行评价。

6. 某公司下设 A、B 两个投资中心。A 投资中心的部门总资产为 2 000 万元,投资报酬率为 15%;B 投资中心的投资报酬率为 14%,剩余收益为 200 万元。设该公司的最低投资报酬率为 10%。

要求:(1) 计算 A 投资中心的剩余收益。

(2) 计算 B 投资中心的部门总资产。

(3) 说明以投资报酬率和剩余收益作为投资中心业绩评价指标的优缺点。

第二部分

案例分析精选及解析

案例 1　华为黑暗区的生存法则

根据华为 2021 年年报,其全球销售收入为 6 368 亿元,同比减少 28.6%。其中,运营商业务收入为 2 815 亿元,同比减少 4%;企业业务收入为 1 024 亿元,同比增长 2%;消费者业务收入为 2 434 亿元,同比减少 46%。在制裁事件和国内 5G 需求放缓的影响下,华为营业收入从一路猛增到倒退。除了企业业务,华为各大业务板块收入都有所收缩,而受芯片供应影响最严重的消费者业务则成为重灾区。

华为一直在想尽办法求生存。正如华为 CFO 孟晚舟所说,尽管整体规模变小,但华为通过处置部分业务和成本控制的手段,仍然实现了净利润的大幅增长。2021 年,华为净利润为 1 137 亿元,同比增长 75%。

华为究竟是如何活下来的?

一、断臂求生

营业收入减少近三成,净利润却猛增七成,其增长主要由于出售部分业务的收益、经营质量的改善和产品结构的优化。业务出售包括 2020 年出售的荣耀全部资产,以及 x86 服务器等受芯片断供影响难以持续的业务。这意味着,这部分突增的利润可能难以持续。

2021 年,荣耀业务的相关资产与负债完成交割,但荣耀的收购方深圳智信将分期支付对价,最终可获得的对价仍然存在不确定性。剔除掉这部分收益后,华为 2021 年的净利润为 562.69 亿元,同比下滑 12.8%。不过,据此计算,华为 2021 年的净利润率为 8.8%,相比去年仍然提升了 1.6 个百分点。这得益于华为有效的成本控制策略。孟晚舟表示,背后有两重原因:第一,通过销售结构调整、供应计划管理提升销售毛利率;第二,通过数字化运营提升内部作业化效率,整体销售、管理费用下降明显。

人才、科研投入和创新,是华为赖以生存发展的基础。无论什么情况下,华为都会持续加大对人才的吸纳。过去两年,华为招聘应届毕业生 2.6 万人,其中超过 300 名是天才少年。2022 年,华为仍计划招聘超过 1 万名应届生。

二、寻找增量

制裁对华为的影响仍在持续,这意味着华为仍然需要想尽办法来"求生存"。

在消费者业务中,受到芯片供应限制的手机、PC 及平板的销售收入均有下滑,但对制作要求稍低的可穿戴产品和智慧屏则出现了超过30%的增长。一个好的进展是,华为已经找到了芯片供应问题的解决方法。华为正在通过软件和系统重构来延伸芯片的可用性,如用面积、堆叠方式换性能,用不那么先进的工艺保障未来产品的竞争力。这种方式对To B产品是有效的,如基站、服务器芯片,但在手机上则较难替代。

华为To B业务的芯片目前供应稳定。正是由于受制裁影响较小,华为To B业务的增长也较为可观。据了解,华为数字能源和云业务的增长均超过了30%,其中云业务收入为201亿元。为了激发To B业务的潜力,华为还先后成立了五大军团、十大预备军团,覆盖煤矿、智慧公路、海关和港口、智能光伏以及数据中心能源等领域,用更高效的组织手段来多备"粮食"。

根据华为此前设定的计划,智能光伏军团2022年的目标营业收入为200亿元,利润为40亿元,2023年目标营业收入为300亿元,利润为60亿元;数字能源军团2022年目标营业收入为150亿元,利润为30亿元,2023年目标营业收入为225亿元,利润为45亿元,目标营业收入为增长率高达50%。而消费者业务这边,华为也开始与赛力斯、长安汽车、北汽、广汽四家车企联合造车,开始在智能汽车领域寻找新的收入增量。

华为利润的多少不影响研发投入,过去10年华为的累计研发投入接近8 500亿元,2021年研发投入为1 427亿元,仍在快速增长,表明公司仍有充足的现金流保障未来的研发投入。

资料来源:陆柯言.年收入6 368亿元,净利大增75%,拆解华为黑暗区的生存法则[EB/OL].(2022-03-28)[2023-06-08].https://baijiahao.baidu.com/s?id=1728552661217583020&wfr=spider&for=pc.

案例2 拼多多:"价格屠夫"卷向美国

Temu 是拼多多旗下的跨境电商平台,于 2022 年 9 月初在美国正式上线。仅半个月时间,就成功登顶了美国 Google Play 购物类软件下载榜第一;11 月,Temu 超越亚马逊、SHEIN 和沃尔玛,夺得美国 iOS 应用商店所有应用下载榜榜首。

一、"价格屠夫"卷向美国

低价,是拼多多在海外取得梦幻开局的关键。

在平台首页,到处充斥着"折扣高达 90%""免费送货""90 天内无条件退货"等令美国消费者眼花缭乱的折扣口号,60 美分的眉笔、1 美元的首饰、4 美元的运动鞋、8 美元的无线耳机,这些看似不可思议的超低价商品,不断拉动 Temu 的访问量持续暴涨。

低价首先影响的是供应链能力不强的亚马逊中小卖家。因此,要想来做 Temu,比拼的核心是供应链能力,而非传统跨境外贸擅长的运营能力。

作为一家成立于 2015 年的公司,拼多多的历史并不长,其国内主站崛起之时,正值阿里与京东在强调消费升级的一二线城市激战正酣。擅长营销和供应链把控的拼多多,得以在低线城市"消费降级"的机遇下悄悄萌芽。

拼多多进攻北美的时机,则选择在美国通胀率创 40 年新高之际,超半数的美国家庭认为价格上涨压力大,供应端与需求端溢出。中国充足的商品供给,为 Temu 的发展提供了空间。

在 Temu 的体系里,商家等同于供应商,只需提供高性价比的货品送至 Temu 仓库,其余的定价、销售、营销、物流配送、售后等各个环节都由平台负责。Temu 的首批招商对象,即瞄准亚马逊、SHEIN、速卖通等有跨境平台经验的商家。资源的优先倾斜,让这些商家率先尝到甜头。

二、唯快不破

在拼多多的打法中,"高速"是 Temu 积累势能的另一关键因素。

在拼多多内部,Temu 心照不宣地成为继多多买菜后最拼的团队。另外,拼多多最近也更新了自己的对外业务描述,将 Temu 放在了主站拼多多之前。

至于亚马逊对 Temu 的态度,可以适当参照速卖通,数年前其同样试图以高性价比的中国供给打开海外市场。《贝索斯传》一书中曾提到,"尽管全球速卖通在美国的访问流量不大,但高管们指出,阿里巴巴的收费低于亚马逊,并担心特别喜欢竞争的阿里巴巴CEO马云可能会将全部服务免费,以确保在西方市场站稳脚跟"。彼时亚马逊的考虑是,是否应该放宽发布的标准来加速品类增长,让中国卖家上线流程更顺滑。

如今 Temu 以同样的方式卷土重来,但亚马逊庞大的零售地位已不可同日而语。不过,最近亚马逊扩大了"轻小商品计划"的适用范围。此举正是为了应对 Temu 的竞争,以鼓励卖家做轻小类的产品。轻小商品计划是亚马逊物流针对流通快、低单价的轻小商品推出的特惠配送解决方案。

三、不止下沉,还要上升

病毒式的营销玩法,曾帮助拼多多完成原始的用户积累,0元购、砍一刀、免费拿等社交玩法,7年狂揽8亿多用户。

不过,面对法律制度更为严苛的美国,拼多多没有复制国内的裂变方式,而是延续标准的互联网式打法。营销活动、社媒增长和游戏化玩法多管齐下,目前各大社交平台,包括 Facebook、TikTok、Instagram、Youtube 上,已经出现了 Temu 的投放广告。网红开箱、拉新推文也持续输出,以推动流量上涨。不仅如此,就连拼多多的国内主站首页也会弹出拉新信息,旨在触达海外华人圈层,"邀请在美好友下载 Temu,每邀 3 位好友获得 150 元"。

以拼多多的过往打法来看,初期的低价补贴只是为了打开市场,当获取了足够多的用户,便有望挖掘、提升用户潜力。直到 2018 年上市前后,国内拼多多主站才决心撕掉"低质"的下沉标签,走向上升,海外经验则明显加速了这一进程。

Temu 鼓励商家将店铺升级为旗舰店,并将给予相应的流量倾斜,平台上也出现了售价 593 美元的 Switch、768 美元的索尼 PS5 等高单价商品,并且商品下方已经标注了"Direct from SONY"的品牌蓝标。显然,Temu 不愿意沦为只有"工厂供给"标签的电商平台,全品类、全人群的综合电商才是未来的真正目标。

打入并站稳北美主流市场,一直是中国企业的普遍难题。至少现在来看,拼多多要想打赢这场出海战,还潜藏着诸多不确定性。

资料来源:程璐."价格屠夫"卷向美国,拼多多海外版砍了谁一刀?[EB/OL].(2022-12-09)[2023-06-09]. https://baijiahao.baidu.com/s?id=1751713193680396047&wfr=spider&for=pc.

案例3　海尔"人单合一"：一场"因人而起"的战略革命

"第四次工业革命已经到来，这对全世界都是一个非常大的挑战。在这个挑战当中，要么自我进化，与时代共生存；要么就自我僵化，被时代所淘汰。其标志就是能不能创造出生态品牌。"这是2021年中秋节前夕，海尔集团董事局主席、首席执行官张瑞敏在第五届人单合一模式引领论坛上抛出的精彩论点。海尔打造的生态品牌战略，再次引发世人瞩目。

海尔"人单合一"模式，是海尔一切经营管理活动的指导和工具，而"人单合一"模式之所以可以在全世界复制，皆因"人性"使然。人单合一的核心，就是将人的价值最大化，给人以尊严，这是新发展时代下人的价值实现的需要。

一、创造的价值和分享的价值成正比

海尔从创业至今，尽管每七年进行一次战略升级，但从始至终都是在围绕人的价值最大化进行变革和转型，如何释放人的活力、发挥人的积极性、让人的价值最大化，一直是贯穿海尔一切行动的核心和根本。而"人单合一"模式，就是将这一理念落地为方法论的管理工具。

海尔今天的"生态链小微群""链群合约"就是让人创造的价值和分享的价值成正比。

张瑞敏说："在工业时代，物的增值与人的贬值成正比，而新生态的'链群合约'是让人的价值最大化，就是体现人的尊严。"

二、CEO就是恐龙，应该消失

"人单合一"最重要的就是要将"自然人"变成"自主人"。在海尔，每个人都是创业的主体，每个人都可以充分发挥想象力、发展潜在价值。要构建让所有人成为自主人的生态，必要条件是活力的释放。活力的释放经历从自然人到创客、到小微组织，再变成链群合约的生态，而链群就是生态链上的小微群。所有的小微可以根据市场需要，自由组合。海尔其实是破坏之后又有创造性重组——也就是链群合约。

在没有各级领导、没有职能部门的前提下，依靠链群合约自主作出决策。要做到这一点，前提就是要归还"三权"，也就是将决策权、用人权、分配权等企业CEO才拥有的权力，归还给员工。只有归还三权，员工才有可能成为自主人，才能释放活力。在自主人生态下,才可能创造终身用户。

传统企业都有三张表——资产负债表、现金流量表和利润表,而海尔又创造了第四张表——共赢增值表。美国管理会计师协会CEO说,所有的上市公司和创业企业都应该用这第四张表,因为这里所反映的价值是传统三张表里面没有的。第四张表里,最重要的是边际收益。在传统利润表里,边际收益一定是递减的,但海尔可以实现边际收益递增。因为其是在不断地创造新生态,而且这是零摩擦的市场,和用户之间是零距离。"自主人"生态的目标就是物联网时代的模式。生态的目的,就是让每个人的价值最大化。

三、链群合约:共创共享的最优策略

"有围墙的花园"就是对现代企业的一个形象比喻。规则之下,扼杀了所有人的积极性、创造力。如何让人有创新精神?答案就是自主治理。

海尔今天用链群合约来解决这个难题。链群合约生态完全颠覆了科层制。传统组织是"产销人发财"各司其职,但现在变成一个个小微,小微围着用户转,聚合成链群。一类叫作体验链群,一类叫作创单链群。体验链群与用户交互能够发现用户的体验迭代需求,而创单链群则快速整合推出用户体验升级的产品和场景方案,实现用户体验的迭代优化,这中间没有层级汇报。链群合约,就体现了"所有参与人的最优策略组成"。在链群里,产品成为爆款后,员工也会分享增值部分的收益。链群合约是让每个人创造的价值与分享的价值成正比。

四、全球企业管理界的"中国答案"

海尔首创的"人单合一"模式,可谓是中国第一个走向全球的原创管理模式。如今,在"人单合一"模式指导下,海尔已转型为开放的物联网生态。通过打造高端品牌(包含卡萨帝等品牌)、场景品牌三翼鸟、生态品牌卡奥斯的三级品牌体系,海尔围绕全球用户需求构建了"衣食住娱康养医教"的物联网生态系统。

在物联网时代,企业不再是有围墙的"花园",而是万物竞相生长的"森林"。不同行业犹如森林中一个个"生态圈",上下游创业小微和企业犹如"生态圈"中的动物、植物、微生物等,它们相互依存与协作,共同成长。

由此可见,海尔生态品牌已经形成,而这正是通过"人单合一"模式,不断激发人的价值,创造用户价值,打造海纳百川、包容万物的生态。

资料来源:庄文静. 深度起底海尔"人单合一":一场"因人而起"的战略革命[EB/OL]. (2021-09-22)[2023-06-09]. https://baijiahao.baidu.com/s?id=1711598026256010858&wfr=spider&for=pc.

第三部分

思考与练习参考答案

第一章 总 论

一、单项选择题

1	2	3	4	5	6	7	8	9	10
C	C	D	A	D	A	D	A	A	B

二、多项选择题

1	2	3	4	5
ABC	ABC	ABD	AB	AC

三、判断题

1	2	3	4	5	6	7	8	9	10
×	√	√	√	×	×	×	×	×	×

第二章 变动成本法

一、单项选择题

1	2	3	4	5	6	7	8	9	10
D	B	B	D	B	B	B	B	A	A
11	12								
A	D								

二、多项选择题

1	2	3	4	5	6	7	8	9	10
AB	ABC	BCD	BD	AB	AD	ABCD	BD	BC	CD

三、判断题

×	×	×	×	√	×	√	√	×	×
11	12	13	14	15	16				
×	×	×	×	×	×				

四、简答题

（略）

五、计算题

1. (1) 高点(1 200, 2 900)，低点(600, 1 700)。

$$b = \frac{2\,900 - 1\,700}{1\,200 - 600} = 2(元/件)$$

$$a = 2\,900 - 2 \times 1\,200 = 500(元)$$

或

$$a = 1\,700 - 2 \times 600 = 500(元)$$

以上计算表明，该企业电费这项混合成本属固定成本，为500元，单位变动成本为每件2元。用数学模型描述为：$y = 500 + 2x$。

(2) 采用回归直线法对该企业电费进行分解如下：

电费支出数据表

月份(n)	产量(件) X_i	电费(元) Y_i	$X_i Y_i$	X_i^2
1	800	2 000	1 600 000	640 000
2	600	1 700	1 020 000	360 000
3	900	2 250	2 025 000	810 000
4	1 000	2 550	2 550 000	1 000 000
5	800	2 150	1 720 000	640 000
6	1 100	2 750	3 025 000	1 212 000
7	1 000	2 460	2 460 000	1 000 000

(续表)

月份(n)	产量(件)X_i	电费(元)Y_i	X_iY_i	X_i^2
8	1 000	2 520	2 520 000	1 000 000
9	900	2 320	2 088 000	810 000
10	700	1 950	1 365 000	490 000
11	1 100	2 650	2 915 000	1 210 000
12	1 200	2 900	3 480 000	1 440 000
$\sum$	11 100	28 200	26 786 000	10 610 000

$$b=\frac{n\sum xy-\sum x\sum y}{n\sum x^2-(\sum x)^2}=\frac{12\times 26\,768\,000-11\,100\times 28\,200}{12\times 10\,610\,000-123\,210\,000}=1.99(元/件)$$

$$a=\frac{\sum y-b\sum x}{n}=\frac{28\,200-1.99\times 11\,100}{12}=509.25(元)$$

建立一元直线回归模型为:$y=509.25+1.99x$。

2. (1) 采用账户分析法对该车间的成本进行分析如下:

成本数据

账户	总成本	固定成本	变动成本
生产成本——材料	240 000		240 000
——工资	30 000		30 000
制造费用——燃料、动力	12 000		12 000
——修理费	4 000		4 000
——工资	8 000		8 000
——折旧费	20 000	20 000	
——办公费	6 000	6 000	
合计	320 000	26 000	294 000

由此,该车间的总成本被分解为固定成本和变动成本两部分,其中:

$$a=26\,000(元)$$

假设该车间当月产量为1 000件,则:

$$b=\frac{294\,000}{1\,000}=294(元/件)$$

建立数学模型:

$$y = 26\,000 + 294x$$

(2) 当该年 4 月份产量为 1 200 件时,成本总额为 378 800 元(26 000＋294×1 200)。

3. 设每月电费总成本为 y,每月固定电费成本为 a,单位电费成本为 b,x 为烧结零件重量,则:

$$a = 22 \times 1\,500 \times 0.7 = 23\,100(元)$$
$$b = 500 \times 0.7 = 350(元)$$

该车间电费总成本分解的数学模型即为:

$$y = 23\,100 + 350x$$

4. (1) 完全成本法:

产品成本 ＝ 8 000 ＋ 3 000 ＋ 14 000 ＝ 25 000(元)

期间成本 ＝ 4 000 ＋ 750 ＝ 4 750(元)

税前利润 ＝ 40 × 1 000 － 25 000 ÷ 1 250 × 1 000 － 4 750 ＝ 15 250(元)

(2) 变动成本法:

产品成本 ＝ 8 000 ＋ 3 000 ＋ 5 000 ＝ 16 000(元)

期间成本 ＝ 9 000 ＋ 4 000 ＋ 750 ＝ 13 750(元)

税前利润 ＝ 40 × 1 000 － 16 000 ÷ 1 250 × 1 000 － 13 750

＝ 13 450(元)

5. (1) 完全成本法:

产品成本 ＝ (6＋3＋1) × 4 000 ＋ 10 000 ＝ 50 000(元)

期间成本 ＝ 1 600 ＋ 2 800 ＋ 600 ＝ 5 000(元)

税前利润 ＝ 20 × 3 000 － 50 000 ÷ 4 000 × 3 000 － 5 000 ＝ 17 500(元)

(2) 变动成本法:

产品成本 ＝ (6＋3＋1) × 4 000 ＝ 40 000(元)

期间成本 ＝ 10 000 ＋ 1 600 ＋ 2 800 ＋ 600 ＝ 15 000(元)

税前利润 ＝ 20 × 3 000 － 40 000 ÷ 4 000 × 3 000 － 15 000 ＝ 15 000(元)

6. 成本数据 单位:元

年份	第 1 年	第 2 年	第 3 年	合计
变动成本法				
销售收入	90 000	75 000	105 000	270 000
销售成本	48 000	40 000	56 000	144 000
贡献毛益	42 000	35 000	49 000	126 000

(续表)

年份	第1年	第2年	第3年	合计
固定成本				
固定制造费用	12 000	12 000	12 000	36 000
管理费用和销售费用	20 000	20 000	20 000	60 000
小计	32 000	32 000	32 000	96 000
税前利润	10 000	3 000	17 000	30 000
完全成本法				
销售收入	90 000	75 000	105 000	270 000
销售成本				
期初存货成本	0	0	10 000	
当期产品成本	60 000	60 000	60 000	180 000
可供销售产品成本	60 000	60 000	70 000	
期末存货成本	0	10 000	0	
销售成本	60 000	50 000	70 000	180 000
毛利	30 000	25 000	35 000	90 000
管理费用和销售费用	20 000	20 000	20 000	60 000
税前利润	10 000	5 000	15 000	30 000

7.   成本数据   单位：元

年份	第1年	第2年	第3年	合计
变动成本法				
销售收入	90 000	90 000	90 000	270 000
销售成本	48 000	48 000	48 000	144 000
贡献毛益	42 000	42 000	42 000	126 000
固定成本				
固定制造费用	12 000	12 000	12 000	36 000
管理费用和销售费用	20 000	20 000	20 000	60 000
小计	32 000	32 000	32 000	96 000
税前利润	10 000	10 000	10 000	30 000

(续表)

年份	第1年	第2年	第3年	合计
完全成本法				
销售收入	90 000	90 000	90 000	270 000
销售成本				
期初存货成本	0	0	9 714	
当期产品成本	60 000	67 998	52 000	179 998
可供销售产品成本	60 000	67 998	61 714	
期末存货成本	0	9 714	0	
销售成本	60 000	58 284	61 714	179 998
毛利	30 000	31 716	28 286	90 002
管理费用和销售费用	20 000	20 000	20 000	60 000
税前利润	10 000	11 716	8 286	30 002

第三章　本-量-利分析

一、单项选择题

1	2	3	4	5	6	7	8	9	10
B	B	B	C	C	B	A	C	D	A
11	12	13	14	15	16	17	18		
D	D	B	D	A	C	D	C		

二、多项选择题

1	2	3	4	5	6	7	8	9	10
ABCD	ABD	AD	ABC	CD	ABCD	BC	ABC	ABC	AD

三、判断题

1	2	3	4	5	6	7	8	9	10
√	×	√	×	√	×	√	√	√	√

四、简答题

（略）

五、计算题

1. (1) 变动成本率为60%，根据本-量-利关系的基本公式：

   利润＝销售收入－变动成本－固定成本

   ＝1 000－1 000×60%－固定成本＝100(万元)

   固定成本＝300(万元)

   (2) 2×23年该公司只追加20万元的广告费，因为广告费为固定成本，则2×23年固定成本总额为300＋20＝320(万元)。

2. (1) 变动成本率＝变动成本÷销售收入＝单位变动成本÷单价＝50%

   单位贡献毛益＝单价－单位变动成本＝15(元)，则单价＝30(元)

   单位变动成本＝15(元)

   安全边际率为20%，则保本作业率＝80%

   保本量＝50 000×80%＝40 000(件)

   保本销售额＝30×40 000＝1 200 000(元)

   (2) 税前利润＝10 000×(30－15)＝150 000(元)

3. (1) 变动成本率40%，单位变动成本为12元，则单价为30元。

   变动成本总额为60 000元，则销售量为5 000件，根据本量利的基本公式：

   税前利润＝销售收入－变动成本－固定成本

   ＝5 000×30－60 000－固定成本＝18 000(元)

   固定成本＝72 000(元)

   2×23年的保本销售量：税前利润＝销售收入－变动成本－固定成本

   (30－12)×销售量－72 000＝0

   则保本销售量＝4 000(件)

   (2) 2×23年的计划销售量比2×22年提高8%，则：

   税前利润＝(30－12)×5 000×(1＋8%)－72 000＝25 200(元)

4. (1) 根据本量利关系的基本公式：

   利润＝销售收入－变动成本－固定成本

$= (5\,000 - 3\,000) \times$ 盈亏临界点销售量 $- 100\,000$

盈亏临界点销售量 $= 50$(台)

盈亏临界点销售额 $= 50 \times 5\,000 = 250\,000$(元)

(2) 安全边际量 $= 120 - 50 = 70$(台)

安全边际率 $= \dfrac{70}{120} = 58.33\%$

安全边际额 $= 70 \times 5\,000 = 350\,000$(元)

盈亏临界点作业率 $= 50 \div 120 = 41.67\%$

(3) 预计可能实现的利润 $= 70 \times (5\,000 - 3\,000) = 140\,000$(元)

5. (1) 单位贡献毛益 = 单价 - 单位变动成本 $= 40$(元)

变动成本率 = 单位变动成本 ÷ 单价 $= 60\%$

则单价 $= 100$(元), 单位变动成本 $= 60$(元)

安全边际率 $= 35\%$, 则保本作业率 $= 65\%$

保本销售量 $= 5\,000 \times 65\% = 3\,250$(件)

盈亏临界点销售额 $= 3\,250 \times 100 = 325\,000$(元)

(2) 可实现的利润 $= (5\,000 - 3\,250) \times (100 - 60) = 70\,000$(元)

(3) 销售利润率 $= 70\,000 \div (100 \times 5\,000) \times 100\% = 14\%$

6. (1) 总销售收入 $= 100 \times 1\,000 + 200 \times 250 + 500 \times 100 = 200\,000$(元)

加权平均贡献毛益率 $= \dfrac{(100-85) \times 1\,000 + (200-160) \times 250 + (500-250) \times 100}{100 \times 1\,000 + 200 \times 250 + 500 \times 100}$

$\times 100\% = 25\%$

(2) 三种产品的盈亏临界点销售额 $= \dfrac{45\,000}{25\%} = 180\,000$(元)

(3) 每种产品的盈亏临界点销售额

甲产品: $180\,000 \times \dfrac{100 \times 1\,000}{200\,000} = 90\,000$(元)

乙产品: $180\,000 \times \dfrac{200 \times 250}{200\,000} = 45\,000$(元)

丙产品: $180\,000 \times \dfrac{500 \times 100}{200\,000} = 45\,000$(元)

每种产品的盈亏临界点销售量:

甲产品: $90\,000 \div 100 = 900$(件)

乙产品: $45\,000 \div 200 = 225$(件)

丙产品: $45\,000 \div 500 = 90$(件)

(4) 计划期可能实现的利润＝200 000－(85×1 000＋160×250＋250×100)－45 000
    ＝5 000(元)

7. (1) 三种产品的贡献毛益率：

   甲产品贡献毛益率＝$\dfrac{100-60}{100}\times 100\%=40\%$

   乙产品贡献毛益率＝$\dfrac{50-30}{50}\times 100\%=40\%$

   丙产品贡献毛益率＝$\dfrac{80-60}{80}\times 100\%=25\%$

   加权平均贡献毛益率＝50％×40％＋30％×40％
                    ＋20％×25％＝37％

   综合盈亏临界点销售额＝18 500÷37％＝50 000(元)

(2) 各产品的盈亏临界点销售额：

   甲产品：50 000×50％＝25 000(元)

   乙产品：50 000×30％＝15 000(元)

   丙产品：50 000×20％＝10 000(元)

   各产品的盈亏临界点销售量：

   甲产品：25 000÷100＝250(件)

   乙产品：15 000÷50＝300(件)

   丙产品：10 000÷80＝125(件)

(3) 销售额为80 000元时,各产品的销售额：

   甲产品：80 000×50％＝40 000(元)

   乙产品：80 000×30％＝24 000(元)

   丙产品：80 000×20％＝16 000(元)

   各产品的销售量：

   甲产品：40 000÷100＝400(件)

   乙产品：24 000÷50＝480(件)

   丙产品：16 000÷80＝200(件)

   利润＝80 000－(400×60＋480×30＋200×60)－18 500＝11 100(元)

8. (1) 本年度的目标利润＝1 000×(50－30)＋2 000×(80－55)
                      ＋3 000×(40－30)－40 000＝60 000(元)

(2) 三种产品的销售量比例＝1 000∶2 000∶3 000＝1∶2∶3

   联合单价＝50×1＋80×2＋40×3＝330(元)

联合单位变动成本＝30×1＋55×2＋30×3＝230(元)

(330－230)×盈亏临界点销售量(联合单位)－40 000＝0

盈亏临界点销售量(联合单位)＝400(联合单位)

各产品保本点销售量：

甲产品：400×1＝400(件)

乙产品：400×2＝800(件)

丙产品：400×3＝1 200(件)

9. (1) 盈亏临界点销售量＝$\dfrac{100\ 000}{500-300}$＝500(件)

实现目标利润的销售量＝$\dfrac{100\ 000+200\ 000}{500-300}$＝1 500(件)

(2) 盈亏临界点销售量＝$\dfrac{100\ 000}{500\times(1+10\%)-300}$＝400(件)

实现目标利润的销售量＝$\dfrac{100\ 000+200\ 000}{500\times(1+10\%)-300}$＝1 200(件)

(3) 盈亏临界点销售量＝$\dfrac{100\ 000}{500-300\times(1+10\%)}$＝588(件)

实现目标利润的销售量＝$\dfrac{100\ 000+200\ 000}{500-300\times(1+10\%)}$＝1 765(件)

(4) 盈亏临界点销售量＝$\dfrac{100\ 000\times(1+10\%)}{500-300}$＝550(件)

实现目标利润的销售量＝$\dfrac{100\ 000\times(1+10\%)+200\ 000}{500-300}$＝1 550(件)

10. (1) [500×(1－10%)－320]×销量－80 000＝120 000(元)

销量＝1 538(件)

(2) [500×(1－10%)－单位变动成本]×1 350－80 000＝120 000(元)

单位变动成本＝301.85(元)

(3) (500－318)×1 000－固定成本＝120 000(元)

固定成本＝62 000(元)

第四章 经营预测

一、单项选择题

1	2	3	4	5	6	7	8	9	10
B	A	A	C	B	A	D	A	B	B

二、多项选择题

1	2	3	4	5	6	7	8	9	10
ABCD	AD	ABC	AB	AC	ACD	AC	ACD	ABCD	ABC

11	12	13
ABD	AB	ABD

三、判断题

1	2	3	4	5	6	7	8	9	10	11
×	√	×	√	√	√	√	×	×	√	√

四、简答题

(略)

五、计算题

1. (1) 2×23 年水泥的销售量 = (140+120+170+190+230+235)÷6 = 180.83(万吨)

(2) 140×0.1+120×0.1+170×0.1+190×0.15+230×0.25+235×0.3 = 199.5(万吨)

(3) $b = \dfrac{n\sum xy - \sum x \sum y}{n\sum x^2 - (\sum x)^2} = \dfrac{6 \times 7\,480 - 39 \times 1\,085}{6 \times 271 - 39 \times 39} = 24.43(元)$

$a = \dfrac{\sum y - b\sum x}{n} = \dfrac{1\,085 - 24.43 \times 39}{6} = 22.04(元)$

模型 $y = 22.04 + 24.43x$

$x = 10, y = 266.34$

即 2×23 年水泥的销售量为 266.34 万吨。

2.　　　　　　　　　　　成本数据　　　　　　　　金额单位:元

年份(n)	产量(x)	单位产品成本	总成本(y)	xy	x^2
1	500	70	35 000	17 500 000	250 000
2	600	69	41 400	28 840 000	360 000
3	400	71	28 400	11 360 000	160 000
4	700	69	48 300	33 810 000	490 000
5	800	65	52 000	41 600 000	640 000
N=5	$\sum x = 3\,000$		205 100	129 110 000	1 900 000

$$b = \frac{n\sum xy - \sum x \sum y}{n\sum x^2 - (\sum x)^2} = \frac{5 \times 129\,110\,000 - 3\,000 \times 205\,100}{5 \times 1\,900\,000 - 3\,000 \times 3\,000} = 60.5(元)$$

$$a = \frac{\sum y - b\sum x}{n} = \frac{205\,100 - 181\,500}{5} = 4\,720(元)$$

计划年度产品预计总成本为: $y = 4\,720 + 60.5 \times 850 = 56\,145(元)$

计划年度产品预计单位成本为: $b = \frac{56\,145}{850} = 66.05(元)$

第五章　短期经营决策

一、单项选择题

1	2	3	4	5	6	7	8	9	10
A	A	C	B	A	D	D	D	B	C
11	12	13	14	15	16	17	18	19	20
B	B	C	B	B	D	C	A	A	C

二、多项选择题

1	2	3	4	5	6	7	8
ABCD	BCD	BC	CD	BD	ABCD	ABCD	ABCD

三、判断题

1	2	3	4	5	6	7	8	9	10
√	√	×	×	√	√	√	×	×	×

四、简答题

（略）

五、计算题

1. （1）单位工时边际贡献：

甲＝(100－50)÷40＝1.25

乙＝(60－30)÷20＝1.5

丙＝(30－12)÷10＝1.8

（2）由于1.8＞1.5＞1.25,应优先生产丙产品。

（3）剩余机器工时为8 000小时(40 000×20%),丙产品的年需要量为600件,则开发丙产品需用工时为6 000小时(600×10),剩余2 000小时(8 000－6 000),应优先开发乙产品,可开发100件(2 000÷20)乙产品。

2. （1）单位资源贡献毛益：

甲产品：(92－36)÷4＝14

乙产品：(59－30)÷2＝14.5

丙产品：(120－60)÷5＝12

由于14.5＞14＞12,开发乙产品。

（2）乙产品的市场需要量为3 500件,则开发乙产品需用工时为7 000工时,剩余3 000工时,应开发甲产品,开发750件(3 000÷4)。

即开发甲产品750件,乙产品3 500件。

（3）单位资源贡献毛益＝(59－30)÷2－7 000÷10 000＝13.8(元)

由于14＞13.8＞12,开发甲产品。

3. (1)

相关损益分析

项目	直接出售	深加工后出售	差量
相关收入	30×2 000=60 000	38×2 000=76 000	−16 000
相关成本： 　变动生产成本	0	(29−22)×2 000=14 000	−14 000
相关损益	60 000	62 000	2 000

应该要进一步加工，可多获得收益 2 000 元。

(2)

相关损益分析

项目	直接出售	深加工后出售	差量
相关收入	30×2 000=60 000	38×2 000=76 000	−16 000
相关成本： 　变动生产成本 　专属成本 　相关成本合计	 0	(29−22)×2 000=14 000 8 000 22 000	 −22 000
相关损益	60 000	54 000	6 000

不应该进一步加工。

(3)

相关损益分析

项目	直接出售	深加工后出售	差量
相关收入	30×2 000=60 000	38×2 000=76 000	−16 000
相关成本： 　变动生产成本 　机会成本 　相关成本合计	 0	(29−22)×2 000=14 000 5 000 19 000	 −19 000
相关损益	60 000	57 000	3 000

不应该进一步加工。

4. 设 A 半成品数量为 x 件，则 B 产品为 $0.9x$。

若不深加工：相关收益 $=100x$

若深加工：相关收益 $=200×0.9x-80×0.9x-40\,000$

若深加工利润大于不深加工的利润，则深加工，即：

$200×0.9x-80×0.9x-40\,000>100x$

$x>5\,000$，深加工；

$x<5\,000$，不深加工；

$x=5\,000$,深加工和不深加工均可。

5.(1) C产品不应该停产,如果停产,则利润将为$-56\,000$元(减少额为亏损产品C的边际贡献$90\,000$元)。

(2) 增产A预期增加的收益$=800\times(900-700)-20\,000=140\,000$(元),足以弥补停产C产品减少的收益,故该方案可行。

6.(1) 该产品利润=收入-总成本

　　$-10\,000=$收入$-110\,000$

　　收入$=100\,000$(元)

　　贡献毛益=收入$\times(1-80\%)=100\,000\times20\%=20\,000$(元)

由于生产能力不能转移,该亏损产品的贡献毛益大于0,说明该产品可以为企业利润做贡献,不应停产。

(2) 生产能力可以转移,获得租金收入$25\,000$元,大于继续生产的贡献毛益$20\,000$元,所以应该停产。

7.(1) 接受订单:

销售收入增加　　$14\,000$元

减:变动成本增加　$10\,000$元

边际贡献增加　　$4\,000$元

应接受订单。

(2) 接受订单:

销售收入增加　　$14\,000$元

减:变动成本增加　$10\,000$元

　　专属成本　　$1\,000$元

相关收益增加　　$3\,000$元

应接受订单。

(3) 接受订单:

销售收入增加　　$14\,000$元

减:变动成本增加　$10\,000$元

　　机会成本　　$5\,000$元

相关收益增加　　$-1\,000$元

应拒绝订单。

(4) 接受订单:

销售收入增加　　$21\,000$元

减:变动成本增加　　10 000 元
　　　　机会成本　　　　10 000 元
　　　　专属成本　　　　 1 000 元
　　　　相关收益增加　　　　0 元
　　接受订单或拒绝订单均可。

8. (1)　　　　　　　　　　相关损益分析

项目	接受	不接受	差量
相关收入	70×200=14 000	0	14 000
相关成本			
变动成本总额	55×200=11 000		
专属成本	0		
机会成本	0		
相关成本总额	11 000	0	11 000
相关损益	3 000	0	3 000

　　应该接受。

(2)　　　　　　　　　　相关损益分析

项目	接受	不接受	差量
相关收入	70×200=14 000	0	14 000
相关成本			
变动成本总额	55×200=11 000		
专属成本	900		
机会成本	0		
相关成本总额	11 900	0	11 900
相关损益	2 100	0	2 100

　　应该接受订单。

(3)　　　　　　　　　　相关损益分析

项目	接受	不接受	差量
相关收入	70×200=14 000	0	14 000
相关成本			
变动成本总额	55×200=11 000		
专属成本	0		
机会成本	3 000		
相关成本总额	14 000	0	14 000
相关损益	0	0	0

接受或不接受订单均可。

（4）

相关损益分析

项目	接受	不接受	差量
相关收入	70×300=21 000	0	21 000
相关成本 　变动成本总额 　专属成本 　机会成本 相关成本总额	 55×200=11 000 900 110×100=11 000 22 900	0	 22 900
相关损益	−1 900	0	−1 900

不应该接受订单。

9.（1）相关损益分析表如下：

相关损益分析

项目	自制零件甲	外购零件甲
变动成本增加	1 044 000	1 080 000
相关总成本	1 044 000	1 080 000

应选择自制零件甲。

（2）相关损益分析表如下：

相关损益分析

项目	自制零件甲	外购零件甲
变动成本增加 放弃的边际贡献	1 044 000 100 000	1 080 000
相关总成本	1 144 000	1 080 000

应选择外购零件甲。

（3）相关损益分析表如下：

相关损益分析

项目	自制零件甲	外购零件甲
变动成本增加 专属成本增加	1 044 000 25 000	1 080 000
相关总成本	1 069 000	1 080 000

应选择自制零件甲。

（4）相关损益分析表如下：

相关损益分析

项目	自制零件甲	外购零件甲	自制 15 000 个,其余外购
变动成本增加 专属成本增加	1 044 000 25 000	1 080 000	870 000+180 000=1 050 000
相关总成本	1 069 000	1 080 000	1 050 000

应选择自制 15 000 个,其余外购。

10. 自制成本：$y_1 = 5x + 12\,000$

   外购成本：$y_2 = 8x \quad x < 5\,000$

$y_3 = 7x, \quad x \geq 5\,000$

令 $y_1 = y_2, y_1 = y_3$,得成本无差别点分别为 $x_1 = 4\,000, x_2 = 6\,000$

经分析得知：

当 $0 < x < 4\,000$ 时,选择外购;当 $4\,000 < x < 5\,000$ 时,选择自制;

当 $5\,000 < x < 6\,000$ 时,选择外购;当 $x > 6\,000$ 时,选择自制。

当 $x = 4\,000$ 或 $x = 6\,000$ 时,自制外购均可。

11. 自制成本：$y_1 = 1\,600 + (4 + 2 + 2)x = 1\,600 + 8x$

   外购成本：$\begin{cases} y_2 = 12x & x \leq 600 \\ y_3 = 10x & x > 600 \end{cases}$

令 $y_1 = y_2, y_1 = y_3$,得成本无差别点分别为：$x_1 = 400$(件),$x_2 = 800$(件)

经分析得知：

当 $0 < x < 400$ 时,选择外购;当 $400 < x \leq 600$ 时,选择自制;

当 $600 < x < 800$ 时,选择外购;当 $x > 800$ 时,选择自制。

当 $x = 400$ 或 $x = 800$ 时,自制外购均可。

12.（1）确定问题中的约束条件：

设：A 产品 x 件,B 产品 y 件。S 表示两种产品的贡献毛益总额。

约束条件：

$$\begin{cases} 6x + 9y \leq 360 \\ 6x + 3y \leq 240 \\ y \leq 30 \\ x, y \geq 0 \end{cases}$$

(2) 确定问题中的目标函数：

目标函数：$S=90x+80y$

(3) 绘制几何图形确定产品组合的可行性面积及目标函数：

目标函数 S 取得最大值的点为 $6x+9y=360$ 和 $6x+3y=240$ 的交点，为 $(30,20)$。

即：生产 A 产品 30 件，B 产品 20 件是最优生产组合。

最大的贡献毛益额 $=90\times30+80\times20=4\,300$（元）

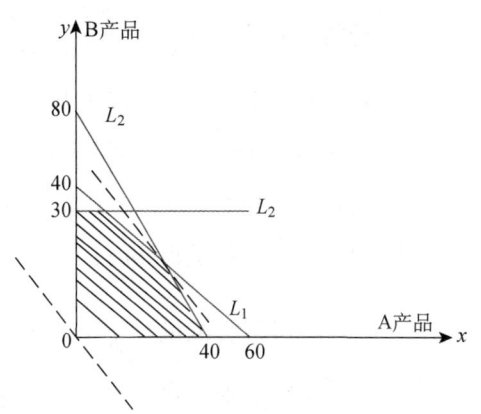

第六章 存货决策

一、单项选择题

1	2	3	4	5	6	7	8	9	10
C	B	C	B	D	B	C	A	A	B

二、多项选择题

1	2	3	4	5	6	7	8
ABCD	AD	BCDE	BD	ABCD	ABC	ACD	ABCD

三、判断题

1	2	3	4	5
×	×	√	√	√

四、计算题

1. (1) 经济订货批量 $=\sqrt{\dfrac{2\times6\,000\times100}{0.3}}=2\,000$（件）

(2) 经济订货次数 $=6\,000/2\,000=3$（次）

(3) 最低相关总成本 $=\sqrt{2\times6\,000\times100\times0.3}=600$（元）

2. 经济订货批量 $=\sqrt{\dfrac{2\times 500\,000\times 1\,500}{0.15}}=100\,000$（千克）

经济订货批次 $=500\,000/100\,000=5$（次）

年最低成本合计 $=\sqrt{2\times 500\,000\times 1\,500\times 0.15}=15\,000$（元）

3. 再订货点 $=(12\,000\div 300)\times 10+500=900$

4.（1）不享受数量折扣时。

经济订货批量 $=\sqrt{\dfrac{2\times 12\,000\times 150}{5}}=849$（件）

采购成本 $=12\,000\times 20=240\,000$（元）

订货成本 $=12\,000\div 849\times 150=2\,120$（元）

储存成本 $=849\div 2\times 5=2\,123$（元）

总成本 $=24\,4243$（元）

（2）订货批量为 $2\,000$ 件时，可获折扣 2%。

采购成本 $=12\,000\times 20\times(1-2\%)=235\,200$（元）

订货成本 $=12\,000\div 2\,000\times 150=900$（元）

储存成本 $=2\,000\div 2\times 5=5\,000$（元）

总成本 $=241\,100$（元）

（3）订货批量为 $3\,000$ 件时，可获折扣 5%。

采购成本 $=12\,000\times 20\times(1-5\%)=228\,000$（元）

订货成本 $=12\,000\div 3\,000\times 150=600$（元）

储存成本 $=3\,000\div 2\times 5=7\,500$（元）

总成本 $=236\,100$（元）

可见，订货批量为 $3\,000$ 件时，总成本最低。

5.（1）不考虑订单限制时的经济订货批量。

$$Q^{*}=\sqrt{\dfrac{2\times 2\,000\times 120}{3}}=400\text{（件）}$$

（2）订购 300 件时的年度总成本。

$$\text{储存成本}=\dfrac{300}{2}\times 3=450\text{（元）}$$

$$\text{订购成本}=\dfrac{2\,000}{300}\times 120=800\text{（元）}$$

年成本合计＝450＋800＝1 250(元)

订购600件时的年度总成本：

储存成本＝$\frac{600}{2}×3$＝900(元)

订购成本＝$\frac{2\,000}{600}×120$＝400(元)

年成本合计＝900＋400＝1 300(元)

最佳决策是每次订购300件。

第七章　长期投资决策

一、单项选择题

1	2	3	4	5	6	7	8	9	10
C	C	A	A	B	A	B	C	B	B
11	12	13	14	15	16	17	18	19	20
A	D	C	C	C	D	B	C	A	B
21	22	23	24	25	26				
A	C	B	D	C	D				

二、多项选择题

1	2	3	4	5	6	7	8	9	10
BD	ACD	ABCD	ABD	ABD	ACD	BCD	ABCD	ABCD	ABC
11	12	13	14	15					
AB	BC	ABC	BD	ABD					

三、判断题

1	2	3	4	5	6
×	×	×	×	×	√

四、计算题

1. (1) 按12％计算的 NPV 一定大于按14％计算的 $NPV=80$（万元），故具有财务可行性。

    (2) $IRR=14\%+(80-0)\div[80-(-8)]\times(16\%-14\%)=15.82\%$，$IRR=15.82\%>$设定的折现率12％，故方案具有财务可行性。

2. (1) $3\,000\times(P/A, IRR, 2)=5\,000$

    $(P/A, IRR, 2)=1.666\,7$

    $(P/A, 12\%, 2)=1.690$

    $(P/A, 14\%, 2)=1.646$

    运用内插法求出 $IRR=13.05\%$

    (2) 净现值 $=3\,000\times(P/A, 10\%, 2)-5\,000=205$（元）

    获利指数 $=1+205\div500=1.041$

3. (1) 项目计算期 $=1+10=11$

    (2) 固定资产原值 $=202$（万元）

    (3) 年折旧 $=(202-2)\div10=20$（万元）

    (4) 该项目的净现金流量：

    $NCF_0=-202$（万元）

    $NCF_1=0$

    $NCF_{2\sim10}=15+20=35$（万元）

    $NCF_{11}=15+20+2=37$（万元）

    (5) 该项目的静态投资回收期 ≈5.77（年）

    (6) 该项目的净现值 $=-202+35\times(P/A, 10\%, 10)\times(P/F, 10\%, 1)+2\times(P/F, 10\%, 11)=-5.790\,17$（万元）

4. (1) 甲 $NCF_0=-20$（万元）

    $NCF_{1\sim5}=(8-3)\times(1-25\%)+(20/5)\times0.25=4.75$（万元）

    乙每年折旧 $=(24-4)\div5=4$（万元）

    $NCF_0=-20-3=-27$（万元）

    $NCF_1=(10-4)\times(1-25\%)+4\times0.25=5.5$（万元）

    $NCF_2=(10-4-0.2)\times(1-25\%)+4\times0.25=5.35$（万元）

    $NCF_3=(10-4-0.4)\times(1-25\%)+4\times0.25=5.2$（万元）

    $NCF_4=(10-4-0.6)\times(1-25\%)+4\times0.25=5.05$（万元）

    $NCF_5=(10-4-0.8)\times(1-25\%)+4\times0.25+3+7=14.9$（万元）

(2) $NPV_甲 = 4.75 \times (P/A, 10\%, 5) - 20 = -1.9937(万元)$

$NPV_乙 = 5.5 \times (P/F, 10\%, 1) + 5.35 \times (P/F, 10\%, 2) + 5.2 \times (P/F, 10\%, 3) + 5.05 \times (P/F, 10\%, 4) + 14.9 \times (P/F, 10\%, 5) - 27 = -0.97139(万元)$

两个方案的净现值均小于0,因此均不具备财务可行性。

5. (1) 甲方案折旧 $= 10\,000 \div 5 = 2\,000(万元)$

$NCF_0 = -10\,000(万元)$

$NCF_{1\sim5} = (6\,000 - 2\,000) \times (1 - 25\%) + 2\,000 \times 25\% = 3\,500(万元)$

乙方案折旧 $= (12\,000 - 2\,000) \div 5 = 2\,000(万元)$

$NCF_0 = -12\,000 - 3\,000 = 15\,000(万元)$

$NCF_1 = 4\,250(万元)$

$NCF_2 = 3\,950(万元)$

$NCF_3 = 3\,650(万元)$

$NCF_4 = 3\,350(万元)$

$NCF_5 = 8\,050(万元)$

(2) 净现值:

$NPV_甲 = 3\,500 \times (P/A, 10\%, 5) - 10\,000 = 3\,267.8(万元)$

$NPV_乙 = 4\,250 \times (P/F, 10\%, 1) + 3\,950 \times (P/F, 10\%, 2) + 3\,650 \times (P/F, 10\%, 3) + 3\,350 \times (P/F, 10\%, 4) + 8\,050 \times (P/F, 10\%, 5) - 15\,000 = 2\,156.5(万元)$

获利指数:

$PI_甲 = 13\,267.7 \div 10\,000 = 1.33$

$PI_乙 = 17\,156.5 \div 15\,000 = 1.14$

内部报酬率:

甲:年金现值系数 $= 10\,000 \div 3\,500 = 2.8571$

内部报酬率 $= 24\% - (2.74538 - 2.8571) \times (24\% - 22\%) \div (2.74538 - 2.86364) = 22.11\%$

乙:当折现率 $= 15\%$ 时,$NPV = 3\,695.652 + 2\,986.767 + 2\,399.934 + 1\,915.373 + 4\,002.273 - 15\,000 = 0$

故内部报酬率 $= 15\%$

第八章 标准成本法

一、单项选择题

1	2	3	4	5	6	7	8	9	10
A	A	C	C	A	D	B	B	D	A
11	12	13	14	15	16	17			
A	A	C	C	B	C	C			

二、多项选择题

1	2	3	4	5
ABD	AC	ABCD	BC	AB

三、计算题

1. 直接材料标准成本＝20×5+32×9＝388(元/件)

   直接人工标准成本＝7.5×13＝97.5(元/件)

   变动制造费用标准成本＝$\frac{38\,000}{10\,000}$×13＝49.4(元/件)

   固定制造费用标准成本＝$\frac{61\,000}{10\,000}$×13＝79.3(元/件)

   A产品标准成本＝388+97.5+49.4+79.3＝614.2(元/件)

2. (1) 成本总差异＝8 000×1.4－10 000×1.35＝－2 300(元)，为有利差异。

   (2) 用量差异＝1.5×(8 000－10 000×0.9)＝－1 500(元)，为有利差异。

   价格差异＝(1.4－1.5)×8 000＝－800(元)，为有利差异。

3. 工资率差异＝15 500×(395 250÷15 500－25)＝7 750(元)，为不利差异。

   工时耗用量差异＝25×(15 500－1 500×10)＝12 500(元)，为不利差异。

4. (1) 变动制造费用效率差异＝(10 000－8 000×1.5)×3.6＝－7 200(元)，为有利差异。

   (2) 变动制造费用耗费差异＝(40 000÷10 000－3.6)×10 000＝4 000(元)，为不利差异。

5. (1) 两差异分析法：

　　固定制造费用成本差异总额＝88 000－10×4 000×2＝8 000(元)

　　固定制造费用预算差异＝88 000－100 000＝－12 000(元)

　　固定制造费用能量差异＝10×(10 000－4 000×2)＝20 000(元)

　　固定制造费用成本差异总额＝20 000－12 000＝8 000(元)

(2) 三差异分析法：

　　固定制造费用成本差异总额＝88 000－10×4 000×2＝8 000(元)

　　固定制造费用开支差异＝88 000－100 000＝－12 000(元)

　　固定制造费用生产能力差异＝10×(10 000－7 400)＝26 000(元)

　　固定制造费用效率差异＝10×(7 400－4 000×2)＝－6 000(元)

　　固定制造费用成本差异总额＝26 000－12 000－6 000＝8 000(元)

第九章　作业成本法

一、单项选择题

1	2	3	4	5	6	7	8	9	10	11	12
B	D	A	B	C	D	A	B	A	D	B	C

二、多项选择题

1	2	3	4	5	6
ABCD	AB	ABCD	BC	AC	BD

三、计算题

1.
作业情况数据

作业成本库	耗用资源	动因量	动因分配率	甲产品作业成本	乙产品作业成本
材料处理	18 000	600	30	12 000	6 000
材料采购	25 000	500	50	17 500	7 500
使用机器	35 000	2 000	17.5	21 000	14 000
设备维修	22 000	1 100	20	14 000	8 000

(续表)

作业成本库	耗用资源	动因量	动因分配率	甲产品作业成本	乙产品作业成本
质量控制	20 000	400	50	12 500	7 500
产品运输	16 000	80	200	10 000	6 000
合计总成本	136 000			87 000	49 000
产量				900	300
单位成本				96.67	163.33

2. (1) 各作业的作业分配率。

作业分配率计算表

作业动因	耗用资源	作业消耗	分配率
调整次数	3 000 000 元	300 次	10 000 元/次
机器运行小时	16 250 000 元	162 500 小时	100 元/小时
包装数量	750 000 元	15 000 个	50 元/个

(2) 甲产品(5 000 台)。

甲产品间接成本计算表

作业动因	分配率	作业量	间接成本合计	单位间接成本
调整次数	10 000	200	2 000 000	400
机器运行小时	100	55 000	5 500 000	1 100
包装数量	50	5 000	250 000	50
合计	—	—	7 750 000	1 550

(3) 乙产品(15 000 台)。

乙产品间接成本计算表

作业动因	分配率	作业量	间接成本合计	单位间接成本
调整次数	10 000	100	1 000 000	66.67
机器运行小时	100	107 500	10 750 000	716.67
包装数量	50	10 000	500 000	33.33
合计	—	—	12 250 000	816.67

第十章　全面预算管理

一、单项选择题

1	2	3	4	5	6	7	8	9	10
A	D	A	D	B	C	A	A	B	D
11	12	13	14	15	16	17			
B	B	C	B	C	A	C			

二、多项选择题

1	2	3	4	5
ABC	BC	ABC	BCD	AD

三、判断题

1	2	3	4	5
×	×	√	√	√

四、计算及账务处理题

1.　　　　　　　　　　　销售预算表　　　　　　　金额单位：元

	项目	一季度	二季度	三季度	四季度
预计销售量	预计销售量（件）	2 500	3 750	4 500	3 000
	销售单价（元/件）	20	20	20	20
	预计销售金额	50 000	75 000	90 000	60 000
	本年期初应收账款	19 750	2 250		
	一季度销售收入	30 000	17 500	2 500	
	二季度销售收入		45 000	26 250	3 750
	三季度销售收入			54 000	31 500
	四季度销售收入				36 000

(5)计算过程:

18 000÷40%×35%+4 000=19 750(元)

(6)计算过程:

18 000÷40%×5%=2 250(元)

2.

销售材料采购量

项目	一季度	二季度	三季度	四季度
销量	1 000	800	900	850
加:期末存货量 (下一季度销售量的10%)	80	90	85	
减:期初存货量 (上期期末)	—	80	90	
生产量	—	810	895	
生产需用材料数量	—	810×2=1 620	895×2=1 790	
加:期末材料存量 (下一季度生产需要量的20%)	324	358		
减:期初存量(上期期初)		324		
材料采购量		1 654		

3.
(1) A=16 000+1 200=17 200(千克)

B=预计年生产需用量+年末库存量=70 000+1 300=71 300(千克)

C=1 200(千克)

D=17 000−2 000=15 000(千克)

E=71 300−2 000=69 300(千克)

或:E=693 000÷10=69 300(千克)

(2) 第1季度采购支出=150 000×40%+80 000=140 000(元)

第4季度末应付账款=201 000×60%=120 600(元)

4.(1)现金收入=40 000×8×60%+30 000×8×30%+20 000×8×10%=280 000(元)

(2) 应收账款=40 000×8×40%+30 000×8×10%=152 000(元)

5.(1)计算可供使用现金如下:

可供使用现金=8 000+4 000×80%+10 000×5×(1+13%)×50%=39 450(元)

(2)计算现金支出总额如下:

利息支出=12 000×4%÷4=120(元)

采购材料支出=9 360×70%+5 000=11 552(元)

支付直接人工 8 400 元,制造费用、销售费用和管理费用付现 13 854 元,购买设备支付现金 20 900 元,季末支付所得税 3 000 元,则:

现金支出总额＝120＋11 552＋8 400＋13 854＋20 900＋3 000＝57 826(元)

(3) 计算现金余缺数值如下:

现金余缺＝39 450－57 826＝－18 376(元)

(4) 确定向银行借款或归还银行借款的数额如下:

假设需要借入 W 元,则 9 月份支付的利息＝W×6％÷12＝0.005W

存在下列关系式:

5 000＜－18 376＋W－0.005W＜5 100,23 376＜0.995W＜23 476

23 493.47＜W＜23 593.97,因借款金额为 100 元的整数倍数,向银行借款的数额为 23 500 元。

第十一章　业绩考核与评价

一、单项选择题

1	2	3	4	5	6	7	8	9	10
C	A	C	D	D	C	A	C	C	D

二、多项选择题

1	2	3	4	5	6	7	8	9	10
ABCDE	DE	BC	AD	AB	DE	AE	ABCD	ACD	ABCD

三、判断题

1	2	3	4	5	6	7	8
√	×	×	×	√	√	√	×

四、计算题

1. 责任成本变动额＝150×4 000－145.5×4 000＝18 000(元)

　　责任成本变动率＝18 000÷(150×4 000)×100％＝3％

结果表明,该成本中心的成本节约额为 18 000 元,节约率为 3%。

2. 部门边际贡献＝10 000－4 000＝6 000(元)

部门可控边际贡献＝6 000－1 000＝5 000(元)

部门税前经营利润＝5 000－500＝4 500(元)

3. (1) 变动成本＝38 000－24 000＝14 000(元)

可控边际贡献＝24 000－4 000＝20 000(元)

部门边际贡献总额＝20 000－7 000＝13 000(元)

(2) 固定成本＝30 000－22 000＝8 000(元)

4. (1) 接受前剩余收益＝300－2 000×10%＝100(万元)

(2) 接受后剩余收益＝(300＋90)－(2 000＋1 000)×10%＝90(万元)

(3) Y 投资中心不应该接受该投资机会,因为接受后会导致剩余收益下降。

5. (1) 计算三个投资中心的投资报酬率:

A 投资中心的投资报酬率＝190÷900＝21.11%

B 投资中心的投资报酬率＝200÷1 000＝20%

C 投资中心的投资报酬率＝180÷1 000＝18%

(2) 计算三个投资中心的剩余收益:

A 投资中心的剩余收益＝190－900×12%＝82(万元)

B 投资中心的剩余收益＝200－1 000×12%＝80(万元)

C 投资中心的剩余收益＝180－1 000×12%＝60(万元)

通过比较三个投资中心的投资报酬率指标和剩余收益指标,可以看出 A 投资中心的业绩最好,B 投资中心的业绩次之,C 投资中心的业绩最差。

6. (1) A 投资中心的剩余收益＝2000×(15%－10%)＝100(万元)

(2) B 投资中心的部门总资产＝200÷(14%－10%)＝5000(万元)

(3) 以投资报酬率作为评价指标的优缺点:① 指标的数据容易取得并便于责任中心之间的业绩比较;② 投资人非常关心该指标;③ 可能导致责任中心作出与企业整体利益不一致的选择。

以剩余收益作为评价指标的优缺点:① 可使责任中心的利益追求与企业整体利益相互一致;② 可以根据部门风险不同调整资本成本,使业绩评价更为合理;③ 不便于不同部门比较。

第四部分

模拟试题及参考答案

管理会计模拟试题(一)

得分 _____ 一、单项选择题(本大题共20小题,每小题1分,共20分)

1	2	3	4	5	6	7	8	9	10
11	12	13	14	15	16	17	18	19	20

1. 将全部成本分为固定成本、变动成本和混合成本所采用的分类标志是(　　)。
   A. 成本的目标　　　　　　　　B. 成本的可辨认性
   C. 成本的经济用途　　　　　　D. 成本的性态

2. 完全成本法的期间成本是指(　　)。
   A. 直接材料　　B. 直接人工　　C. 制造费用　　D. 非生产成本

3. 某企业只生产一种产品,单价为6元,单位变动生产成本为4元,单位销售和管理变动成本为0.5元,销量为500件,则其产品边际贡献为(　　)元。
   A. 650　　　　B. 750　　　　C. 850　　　　D. 950

4. 某产品单价为20元,固定成本为50 000元,贡献毛益率为40%,则保本量为(　　)件。
   A. 100 000　　B. 2 000　　　C. 6 250　　　D. 5 000

5. 某企业利用0.4的平滑指数进行销售预测,已知2×21年的实际销售量为100吨,预计销量比实际销量多10吨,2×22年实际销量比预计销量少6吨,则该企业2×23年的预测销量为(　　)吨。
   A. 106.6　　　B. 103.6　　　C. 93.6　　　　D. 63.6

6. 产品生命周期分析中,(　　)是需求量和销售额迅速上升阶段。
   A. 投入期　　　B. 成长期　　　C. 成熟期　　　D. 衰退期

7. 设一生产电子器件的企业为满足客户追加订货的需要,增加了一些成本开支,其中(　　)是专属固定成本。

A. 为及时完成该批产品的生产,而要购入一台新设备

B. 为及时完成该批追加订货,需要支付职工加班费

C. 为生产该批产品机器设备增加的耗电量

D. 该厂为生产该批产品以及以后的生产建造了一间新的厂房

8. 在产销平衡的情况下,一个企业同时生产多种产品,其中一种单位边际贡献为正的产品最终变为亏损产品,其根本原因是(　　)。

A. 该产品存在严重积压

B. 该产品总成本太高

C. 该产品上分担的固定成本相对较高

D. 该产品的销量太小

9. 某企业全年需用 A 材料 2 400 吨,每次的订货成本为 400 元,每吨材料年储备成本为 12 元,则每年最佳订货次数为(　　)次。

A. 12　　　　B. 6　　　　C. 3　　　　D. 4

10. 某种商品的再订货点为 680 件,安全库存量为 200 件,采购间隔日数为 12 天,假设每年有 300 个工作日,则年度耗用量是(　　)件。

A. 11 000　　B. 10 000　　C. 12 000　　D. 13 000

11. 企业连续 8 年于每年年末存款 1 000 元,年利率为 8%,则在第 8 年年末可一次取出本利和(　　)元。

A. 8 000　　B. 8 640　　C. 10 637　　D. 5 747

12. 某投资方案的年营业收入为 100 万元,年营业支出为 60 万元,其中折旧为 10 万元,所得税税率为 40%,则该方案每年的营业现金流量为(　　)万元。

A. 26　　　　B. 34　　　　C. 40　　　　D. 50

13. 在标准成本控制下的成本差异是指(　　)。

A. 实际成本与标准成本的差异　　B. 实际成本与计划成本的差异

C. 预算成本与标准成本的差异　　D. 实际成本与预算成本的差异

14. 下列属于用量标准的是(　　)。

A. 材料消耗量　B. 小时工资率　C. 原材料价格　D. 小时制造费用

15. 作业成本法的成本计算是以(　　)为中心。

A. 产品　　　　B. 作业　　　　C. 费用　　　　D. 资源

16. 在现代制造企业中(　　)的比重加大,结构也发生了很大的变化。

A. 直接人工　B. 直接材料　C. 间接费用　D. 期间费用

17. 编制全面预算的基础是(　　)。

A. 直接材料预算　　　　　　　　B. 直接人工预算
C. 生产预算　　　　　　　　　　D. 销售预算

18. 编制弹性预算首先应当考虑及确定的因素是（　　）。
A. 业务量　　B. 变动成本　　C. 固定成本　　D. 计量单位

19. 下列关于利用剩余收益评价企业业绩的表述中，不正确的是（　　）。
A. 剩余收益概念强调应扣除会计上未加确认但事实上存在的权益资本的成本
B. 剩余收益为负值，则摧毁了股东财富
C. 剩余收益指标不便于不同规模的公司和部门的业绩比较
D. 剩余收益指标着眼于公司的价值创造过程，不易受会计信息质量的影响

20. 作为利润中心的业绩考核指标，"可控边际贡献"的计算公式是（　　）。
A. 部门营业收入－已销商品变动成本
B. 部门营业收入－已销商品变动成本－变动销售费用
C. 部门营业收入－已销商品变动成本－变动销售费用－可控固定成本
D. 部门营业收入－已销商品变动成本－可控固定成本

| 得分 | |

二、多项选择题（本大题共10小题，每小题2分，共20分）

1	2	3	4	5	6	7	8	9	10

1. 固定成本具有的特征有（　　）。
A. 固定成本总额的不变性　　　　B. 单位固定成本的反比例变动性
C. 固定成本总额的正比例变动性　D. 单位固定成本的不变性

2. 下列两个指标之和为1的有（　　）。
A. 变动成本率＋安全边际率＝1　　B. 贡献毛益率＋安全边际率＝1
C. 贡献毛益率＋变动成本率＝1　　D. 安全边际率＋保本作业率＝1

3. 预测分析的原则或特征有（　　）。
A. 依据的客观性　　　　　　　　B. 方法的灵活性
C. 资料的充分性　　　　　　　　D. 成本效益性

4. 用贡献毛益法进行决策分析时，必须以（　　）判断备选方案的优劣。
A. 贡献毛益总额　　　　　　　　B. 单位小时贡献毛益
C. 单位贡献毛益　　　　　　　　D. 机器小时贡献毛益

5. 存货成本中，通常需要考虑的成本有（　　）。

A. 采购成本　　　B. 储存成本　　　C. 订货成本　　　D. 缺货成本

6. 长期投资决策分析过程中需要考虑的重要因素有(　　)。

　　A. 贡献边际　　　　　　　　B. 货币的时间价值

　　C. 贡献边际率　　　　　　　D. 资金成本

7. 影响人工效率的因素包括(　　)。

　　A. 生产工人的技术水平　　　B. 作业计划安排的周密性

　　C. 原材料的质量　　　　　　D. 设备的状况

8. 资源实质上是指为了产出作业或产品而进行的费用支出,它包括(　　)。

　　A. 货币资源　　　B. 材料资源　　　C. 人力资源　　　D. 动力资源

9. 编制预算的方法按其业务量基础的数量特征不同,可分为(　　)。

　　A. 固定预算　　　B. 零基预算　　　C. 滚动预算　　　D. 弹性预算

　　E. 增量预算

10. 适合建立费用中心进行成本控制的单位有(　　)。

　　A. 生产企业的车间　　　　　B. 医院的放射治疗室

　　C. 行政管理部门　　　　　　D. 研究开发部门

　　E. 企业产品利润中心

得分	

三、判断题(本大题共8小题,每小题1分,共8分)

1	2	3	4	5	6	7	8

1. 在相关范围内,固定成本总额和单位固定成本均具有不变性。　　　　　(　)

2. 变动成本率高的企业,贡献毛益率也高,创利能力也大。　　　　　　　(　)

3. 根据统计规律性假设,经营预测可以把未来作为过去和现在的延伸进行推测。

　　　　　　　　　　　　　　　　　　　　　　　　　　　　　　　　　(　)

4. 对于亏损产品来说,不存在是否应当增产的问题。　　　　　　　　　　(　)

5. 在允许缺货的情况下,缺货成本是与决策无关的成本。　　　　　　　　(　)

6. 在长期投资决策中,只要投资项目的投资利润率大于零,该方案就是可行方案。

　　　　　　　　　　　　　　　　　　　　　　　　　　　　　　　　　(　)

7. 预算管理就是全面预算管理。　　　　　　　　　　　　　　　　　　　(　)

8. 对于上级分配来的固定成本,由于利润中心无法控制其数额,对这部分固定成本的影响在考核时应将其剔除。　　　　　　　　　　　　　　　　　　　(　)

| 得分 | | **四、计算题**(本大题共5小题,每小题8分,共40分) |

1	2	3	4	5

1. 锦鸿工厂本期生产一种产品,共计1 250件,售价40元/件。期初存货为零。期末存货为250件,本期销售1 000件。生产该产品共发生直接材料费8 000元,直接人工费3 000元,制造费用14 000元(其中,变动制造费用为5 000元,固定制造费用为9 000元),变动销售及管理费用750元,固定销售及管理费用4 000元。

要求:(1) 采用完全成本法计算该产品的产品成本、期间成本及税前利润。

(2) 采用变动成本法计算该产品的产品成本、期间成本及税前利润。

2. 假设中盛公司近5年某产品的产量及成本数据如下表所示。计划年度的预计产量为850台。

产品成本数据

年份	产量(件)	单位产品成本(元)
1	500	70
2	600	69
3	400	71
4	700	69
5	800	65

要求:采用回归直线法预测计划年度产品的总成本和单位成本。

3. 某企业生产中需用甲零件,年需要量为6 000件,每次订货成本为100元,单位零件年变动储存成本为0.3元。

要求:(1) 经济订货批量。

(2) 经济订货次数。

(3) 与经济进货批量有关的年相关总成本。

4. 某公司生产一种化工产品,每桶的直接人工的标准成本如下:直接人工的价格标准为25元/工时,用量标准为每桶10工时。本期该化工产品的实际产量为1 500桶,实际耗用直接人工15 500工时,实际支付人工成本395 250元。

要求:计算本期的工资率差异(价格差异)和工时耗用量差异(数量差异),并说明是有利差异还是不利差异。

5. 星海公司预算期间2×22年度简略销售情况如下表所示,若销售当季度收回货款

60%,次季度收款 35%,第三季度收款 5%,预算年度期初应收账款金额为 22 000 元,其中包括上年度第三季度销售的应收款 4 000 元,第四季度销售的应收账款 18 000 元。

2×22 年度销售情况(简表)

季度	一	二	三	四	合计
预计销售量(件)	2 500	3 750	4 500	3 000	13 750
销售单价(元)	20	20	20	20	20

要求:根据上述资料编制预算年度的销售预算,填写下表。

年度销售预算

	项目	一季度	二季度	三季度	四季度
预计销售量	预计销售量(件)	2 500	3 750	4 500	3 000
	销售单价(元/件)	20	20	20	20
	预计销售金额	(1)	(2)	(3)	(4)
	本年期初应收账款	(5)	(6)		
	一季度销售收现	(7)	17 500	2 500	
	二季度销售收现		45 000	(8)	3 750
	三季度销售收现			54 000	31 500
	四季度销售收现				36 000

得分 　　**五、简答题**(本大题共 2 小题,每小题 6 分,共 12 分)

1. 本-量-利分析的基本假设包括哪些?
2. 全面预算包括哪几部分?

管理会计模拟试题(二)

| 得分 | | 一、单项选择题(本大题共20小题,每小题1分,共20分) |

1	2	3	4	5	6	7	8	9	10
11	12	13	14	15	16	17	18	19	20

1. 在不改变企业生产经营能力的前提下,采取降低固定成本总额的措施通常是降低( )。
   A. 约束性固定成本　　　　　B. 酌量性固定成本
   C. 半固定成本　　　　　　　D. 单位固定成本

2. 变动成本法的产品成本是指( )。
   A. 固定生产成本　　　　　　B. 变动生产成本
   C. 固定非生产成本　　　　　D. 变动非生产成本

3. 下述因素中,导致保本销售量上升的是( )。
   A. 销售量上升　　　　　　　B. 产品单价下降
   C. 固定成本下降　　　　　　D. 产品单位变动成本下降

4. 某产品贡献毛益率为30%,单位变动成本为70元,则该产品单价为( )元。
   A. 50.4　　B. 100　　C. 60　　D. 72

5. ( )是进行经营决策的基础。
   A. 本量利分析　　　　　　　B. 预测分析
   C. 成本控制　　　　　　　　D. 成本性态分析

6. 平滑指数是一个经验数据,其取值范围一般为( )。
   A. 0.1~0.5　　B. 0.2~0.6　　C. 0.3~0.7　　D. 0.4~0.8

7. 某厂需要零件甲,其外购单价为10元,若自行生产,单位变动成本为6元,且需要为此每年追加10 000元的固定成本,通过计算可知,当该零件的年需要量为( )件时,外购、自制两种方案等效。

A. 2 500　　　B. 3 000　　　C. 2 000　　　D. 1 800

8. 在固定成本不变的情况下,下列(　　)应该采取采购的策略。

　A. 自制单位变动成本小于外购价格

　B. 自制单位变动成本等于外购价格

　C. 自制单位变动成本大于外购成本

　D. 自制单位产品成本大于外购成本

9. 下列各项中,与经济订货量无关的是(　　)。

　A. 每日消耗量　　　　　　　　B. 每日供应量

　C. 储存变动成本　　　　　　　D. 订货提前期

10. 某公司需要A零件,每件60元,供应商为扩大销售规模,订购0~1 999件时,每件折扣为1元,订购2 000件以上时,每件折扣为2元。订购1 800件时,每件折扣净额是(　　)元。

　A. 59　　　B. 58　　　C. 60　　　D. 57

11. 某企业年初存入一笔资金,从第四年年末起,每年取出1 000元,至第九年年末取完,年利率为10%,则该企业最初一次存入款项为(　　)元。

　A. 3 200.60　　　B. 3 150.50　　　C. 3 272.17　　　D. 3 279.80

12. 下列说法中,不正确的是(　　)。

　A. 净现值大于0,方案可取

　B. 内含报酬率大于资金成本率,方案可行

　C. 净现值率大于零,方案不可行

　D. 获利指数大于1,方案可取

13. 下列选项中,属于标准成本控制系统前提和关键的是(　　)。

　A. 标准成本的制定　　　　　　B. 成本差异的分析

　C. 成本差异的计算　　　　　　D. 成本差异账务处理

14. 在成本差异分析中,变动制造费用耗费差异类似于(　　)。

　A. 直接材料价格差异　　　　　B. 直接材料用量差异

　C. 直接人工效率差异　　　　　D. 直接人工成本差异

15. 传统成本计算法的计算对象为(　　)。

　A. 资源　　　B. 作业中心　　　C. 费用　　　D. 最终产品

16. 作业成本法把企业看作是为满足顾客需要而设计的一系列(　　)的集合。

　A. 契约　　　B. 作业　　　C. 产品　　　D. 生产线

17. 资本支出预算是(　　)。

A. 财务预算　　　B. 生产预算　　　C. 专门决策预算　　D. 业务预算

18. 滚动预算的基本特点是（　　）。

A. 预算期是相对固定的　　　　　　B. 预算期是连续不断的

C. 预算期与会计年度一致　　　　　D. 预算期不可随意变动

19. 公司经济利润最正确和最准确的度量指标是（　　）。

A. 披露的经济增加值　　　　　　　B. 特殊的经济增加值

C. 真实的经济增加值　　　　　　　D. 基本经济增加值

20. 某生产车间是一个标准成本中心。为了对该车间进行业绩评价，需要计算的责任成本范围是（　　）。

A. 该车间的直接材料、直接人工和全部制造费用

B. 该车间的直接材料、直接人工和变动制造费用

C. 该车间的直接材料、直接人工和可控制造费用

D. 该车间的全部可控成本

二、多项选择题（本大题共10小题，每小题2分，共20分）

1	2	3	4	5	6	7	8	9	10

1. 变动成本具有的特征有（　　）。

A. 变动成本总额的不变性　　　　　B. 单位变动成本的不变性

C. 变动成本总额的反比例变动性　　D. 变动成本总额的正比例变动性

2. 安全边际率等于（　　）。

A. 安全边际量÷实际销售量　　　　B. 安全边际额÷实际销售额

C. 1－保本作业率　　　　　　　　D. 1－贡献毛益率

3. 下列属于定性分析法的有（　　）。

A. 判断分析法　　B. 平滑指数法　　C. 回归分析法　　D. 调查分析法

4. 当剩余生产能力无法转移时，亏损产品不应停产的条件有（　　）。

A. 该亏损产品的变动成本率大于1　B. 该亏损产品的变动成本率小于1

C. 该亏损产品的贡献毛益大于0　　D. 该亏损产品的单位贡献毛益大于0

5. 当采购批量增加时，（　　）。

A. 变动储存成本增加　　　　　　　B. 变动储存成本减少

C. 变动订货成本增加　　　　　　　D. 变动订货成本减少

6. 现金流入的内容有（　　）。
   A. 营业收入　　　　　　　　B. 处理固定资产净收益
   C. 营业净利　　　　　　　　D. 回收流动资金

7. 在材料成本差异分析中，（　　）。
   A. 价格差异的大小是由价格脱离标准的程度以及实际采购量高低所决定的
   B. 价格差异的大小是由价格脱离标准的程度以及标准用量高低所决定的
   C. 数量差异的大小是由用量脱离标准的程度以及标准价格高低所决定的
   D. 数量差异的大小是由用量脱离标准的程度以及实际价格高低所决定的

8. 成本动因的分类有很多依据，其中根据一般的分类，即将成本动因分为（　　）。
   A. 资源动因　　B. 作业动因　　C. 人工费用　　D. 直接材料

9. 下列预算中，属于业务预算内容的有（　　）。
   A. 资本支出预算　B. 销售预算　C. 生产预算　D. 现金预算
   E. 零基预算

10. 一般而言，在成本中心，下列说法中，正确的有（　　）。
    A. 变动成本大多是可控成本　　　　B. 固定成本大多是不可控成本
    C. 直接成本大多是可控成本　　　　D. 间接成本大多是不可控成本

| 得分 | |

三、判断题(本大题共8小题，每小题1分，共8分)

1	2	3	4	5	6	7	8

1. 在相关范围内，变动成本总额和单位变动成本均具有不变性。（　　）
2. 超过保本点以上的安全边际所提供的贡献毛益就是企业的利润。（　　）
3. 在企业的所有预测中，销售预测处于先导地位，是其他各项预测的前提。（　　）
4. 利用成本无差别点作为生产经营决策时，如果业务量大于成本无差别点时，应选择固定成本较高的方案。（　　）
5. 适时制存货管理法的目的是消灭存货，以达到成本最低。（　　）
6. 长期投资决策中所使用的现金流量就是财务会计的现金流量表中的现金流量。（　　）
7. 生产预算是全面预算的起点，也是全面预算的基础。（　　）
8. 各成本中心的可控成本之和等于企业总成本之和。（　　）

四、计算题(本大题共 5 小题,每小题 8 分,共 40 分)

1. 某企业计划期预计产销甲产品 120 台,每台售价 5 000 元,单位变动成本 3 000 元,固定成本总额 10 万元。

要求:(1) 计算计划期盈亏临界点销售量及销售额。

(2) 计算安全边际量、安全边际额、安全边际率和盈亏临界点作业率。

(3) 计算预计可能实现的利润。

2. 某企业只生产一种产品,全年最大生产能力为 1 200 件。年初已按 100 元每件的价格接收正常任务 1 000 件,该产品的单位完全生产成本为 80 元每件(其中,单位固定制造费用为 30 元),现有一客户要求以 70 元每件的价格追加订货。考虑以下决策的可行性:

(1) 剩余生产能力无法转移,追加订货量 200 件,不增加专属成本。

(2) 剩余生产能力无法转移,追加订货量为 200 件,需追加专属成本 1 000 元。

(3) 同(1),但剩余能力可以出租,租金 5 000 元。

(4) 剩余能力无法转移,追加订货量 300 件,但需要追加 1 000 元专属成本。

3. 某公司因业务发展需要,准备购入一套设备。现有甲、乙两个方案可供选择,其中甲方案需要投资 20 万元,使用寿命为 5 年,采用直线法计提折旧,5 年后设备无残值。5 年中每年销售收入为 8 万元,每年的付现成本为 3 万元。乙方案需投资 24 万元,也采用直线法计提折旧,使用寿命为 5 年,5 年后有残值收入 4 万元。5 年中每年的销售收入为 10 万元,付现成本第一年为 4 万元,以后随着设备不断陈旧,逐年将增加日常修理费 2 000 元,另需要垫支营运资金 3 万元。假设所得税税率为 25%。

要求:(1) 试计算两个方案的现金流量;

(2) 如果该公司资本成本为 10%,试用净现值法对两个方案作出取舍。

4. 华夏公司生产甲、乙两种产品,其中甲产品 900 件,乙产品 300 件,其作业情况数据如下表所示。

作业情况数据

作业成本库	耗用资源	作业动因	作业动因量		
			甲产品	乙产品	合计
材料处理	18 000	移动次数	400	200	600
材料采购	25 000	订单件数	350	150	500
使用机器	35 000	机器小时	1 200	800	2 000
设备维修	22 000	维修小时	700	400	1 100

(续表)

作业成本库	耗用资源	作业动因	作业动因量		
			甲产品	乙产品	合计
质量控制	20 000	质检次数	250	150	400
产品运输	16 000	运输次数	50	30	80
合计	136 000				

要求:按作业成本法计算甲、乙两种产品的成本。

5. 某企业下设 A 投资中心和 B 投资中心,要求的税前最低报酬率为 10%。两投资中心均有一投资方案可供选择,预计产生的影响如下表所示。

A、B 两个投资中心的相关数据 单位:万元

项目	A 投资中心		B 投资中心	
	追加投资前	追加投资后	追加投资前	追加投资后
平均经营资产	100	200	200	300
部门税前经营利润	8	17.2	30	41
部门投资报酬率				
剩余收益				

要求:(1) 计算并填列上表中的空白。

(2) 对两投资中心是否应追加投资进行决策。

五、简答题(本大题共 2 小题,每小题 6 分,共 12 分)

1. 管理会计和财务会计的区别。

2. 成本按性态分类可分为哪几种?

管理会计模拟试题(一)参考答案

一、单项选择题(本大题共20小题,每小题1分,共20分)

1	2	3	4	5	6	7	8	9	10
D	D	B	C	B	B	A	C	B	C
11	12	13	14	15	16	17	18	19	20
C	B	A	A	B	C	D	A	D	C

二、多项选择题(本大题共10小题,每小题2分,共20分)

1	2	3	4	5	6	7	8	9	10
AB	CD	ABCD	ABD	ABCD	BD	ABCD	ABCD	AD	CD

三、判断题(本大题共8小题,每小题1分,共8分)

1	2	3	4	5	6	7	8
×	×	×	×	×	×	×	√

四、计算题(本大题共5小题,每小题8分,共40分)

1. (1) 使用完全成本法计算如下:

   产品成本=8 000+3 000+14 000=25 000(元)

   期间成本=4 000+750=4 750(元)

   税前利润=40×1 250−25 000÷1 250×1 000−4 750=25 250(元)

   (2) 使用变动成本法计算如下:

   产品成本=8 000+3 000+5 000=16 000(元)

   期间成本=9 000+4 000+750=13 750(元)

   税前利润=40×1 250−16 000÷1 250×1 000−13 750=23 450(元)

2. 产品成本数据

年份 n	产量(x)	单位产品成本(元)	总成本(y)	xy	x^2
1	500	70	35 000	17 500 000	250 000

(续表)

年份 n	产量(x)	单位产品成本（元）	总成本(y)	xy	x^2
2	600	69	41 400	28 840 000	360 000
3	400	71	28 400	11 360 000	160 000
4	700	69	48 300	33 810 000	490 000
5	800	65	52 000	41 600 000	640 000
$N=5$	$\sum x = 3\,000$		205 100	129 110 000	1 900 000

$$b = \frac{n\sum xy - \sum x \sum y}{n\sum x^2 - (\sum x)^2} = \frac{5 \times 129\,110\,000 - 3\,000 \times 205\,100}{5 \times 1\,900\,000 - 3\,000 \times 3\,000} = 60.5(元)$$

$$a = \frac{\sum y - b\sum x}{n} = \frac{205\,100 - 181\,500}{5} = 4\,720(元)$$

计划年度产品预计总成本为：$y = 4\,720 + 60.5 \times 850 = 56\,145(元)$

计划年度产品预计单位成本为：$b = \dfrac{56\,145}{850} = 66.05(元)$

3.（1）经济订货批量 $= \sqrt{\dfrac{2 \times 6\,000 \times 100}{0.3}} = 2\,000(件)$

（2）经济订货次数是 $= 6\,000 \div 2\,000 = 3(次)$

（3）最低相关总成本 $= \sqrt{2 \times 6\,000 \times 100 \times 0.3} = 600(件)$

4. 工资率差异 $= 15\,500 \times (395\,250 \div 15\,500 - 25) = 7\,750(元)$

工时耗用量差异 $= 25 \times (15\,500 - 1\,500 \times 10) = 12\,500(元)$

该差异为不利差异。

5. 　　　　　　　　　　　年度销售预算

项目		一季度	二季度	三季度	四季度
预计销售量	预计销售量(件)	2 500	3 750	4 500	3 000
	销售单价(元/件)	20	20	20	20
	预计销售金额	50 000	75 000	90 000	60 000
	本年期初应收账款	19 750	2 250		
	一季度销售收入	30 000	17 500	2 500	
	二季度销售收入		45 000	26 250	3 750
	三季度销售收入			54 000	31 500
	四季度销售收入				36 000

(5)计算过程为：
$$18\ 000 \div 40\% \times 35\% + 4\ 000 = 19\ 750(元)$$

(6)计算过程为：
$$18\ 000 \div 40\% \times 5\% = 2\ 250(元)$$

五、简答题(本大题共2小题,每小题6分,共12分)

1. 本-量-利分析是对成本、产量(或销量)、利润之间相互关系进行分析的一种简称。其假设主要包括：

(1) 相关范围假设。

(2) 模型线性假设。

(3) 产销平衡假设。

(4) 品种结构不变假设。

2. 全面预算主要包括三大部分：经营预算、资本预算和财务预算。

经营预算主要包括销售预算、生产预算、成本预算和费用预算四项内容。其中，销售预算是企业最具市场的预测分析，确定在预算期内预计的销售品种、数量、单价和销售收入等指标，是经营预算的龙头，是编制其他预算的起点。

资本预算主要是对长期使用的资产的采购支出计划和其所需资金的供应来源进行的预算。资本预算在企业的财务决策中非常重要，资产需求预测的错误常常会导致严重的后果，如果企业在资产方面投资过多，将带来不必要的支出，如果投资过少，则会使企业的设备不够现代化而失去竞争力。

财务预算主要包括现金预算、预计利润表、预计资产负债表、预计现金流量表四项内容。财务预算以经营预算和资本预算为基础，是企业全面预算编制结果的财务体现。

管理会计模拟试题(二)参考答案

一、单项选择题(本大题共20小题,每小题1分,共20分)

1	2	3	4	5	6	7	8	9	10
B	B	B	B	B	C	A	C	D	A
11	12	13	14	15	16	17	18	19	20
C	C	A	A	D	B	C	B	C	D

二、多项选择题(本大题共10小题,每小题2分,共20分)

1	2	3	4	5	6	7	8	9	10
BD	ABC	AD	BCD	AD	ABD	AC	AB	BC	ABCD

三、判断题(本大题共8小题,每小题1分,共8分)

1	2	3	4	5	6	7	8
×	√	√	√	√	×	×	√

四、计算题(本大题共5小题,每小题8分,共40分)

1. (1) 根据本-量-利关系的基本公式:

   利润＝销售收入－变动成本－固定成本

   ＝(5 000－3 000)×盈亏临界点销售量－100 000

   盈亏临界点销售量＝50(台)

   盈亏临界点销售额＝50×5 000＝250 000(元)

   (2) 安全边际量＝120－50＝70(台)

   安全边际额＝70×5 000＝350 000(元)

   盈亏临界点作业率＝50÷120＝41.67%

   (3) 预计可能实现的利润＝70×(5 000－3 000)＝140 000(元)

2. (1) 接受订单:

   销售收入增加　　14 000元

   减:变动成本增加　10 000元

   边际贡献增加　　　4 000元

   应接受订单。

   (2) 接受订单:

   销售收入增加　　14 000元

   减:变动成本增加　10 000元

   　专属成本　　　　1 000元

   相关收益增加　　　3 000元

   应接受订单。

   (3) 接受订单:

   销售收入增加　　14 000元

   减:变动成本增加　10 000元

机会成本	5 000元
相关收益增加	－1 000元

应拒绝订单。

（4）接受订单：

销售收入增加	21 000元
减：变动成本增加	15 000元
机会成本	2 000元
专属成本	1 000元
相关收益增加	3 000元

应接受订单。

3. （1）甲 $NCF_0 = -20$

$NCF_{1\sim 5} = (8-3) \times (1-25\%) + (20 \div 5) \times 0.25 = 4.75$

乙 每年折旧$=(24-4)/5=4$

$NCF_0 = -20 - 3 = -27$

$NCF_1 = (10-4) \times (1-25\%) + 4 \times 0.25 = 5.5$

$NCF_2 = (10-4-0.2) \times (1-25\%) + 4 \times 0.25 = 5.35$

$NCF_3 = (10-4-0.4) \times (1-25\%) + 4 \times 0.25 = 5.2$

$NCF_4 = (10-4-0.6) \times (1-25\%) + 4 \times 0.25 = 5.05$

$NCF_5 = (10-4-0.8) \times (1-25\%) + 4 \times 0.25 + 3 + 7 = 14.9$

（2）$NPV_甲 = 4.75 \times (P/A, 10\%, 5) - 20 = -1.9937$（万元）

$NPV_乙 = 5.5 \times (P/F, 10\%, 1) + 5.35 \times (P/F, 10\%, 2) + 5.2 \times (P/F, 10\%, 3) + 5.05 \times (P/F, 10\%, 4) + 14.9 \times (P/F, 10\%, 5) - 27 = -0.97139$

两个方案的净现值均小于0，因此均不具备财务可行性。

4. 作业情况数据

作业成本库	耗用资源	动因量	动因分配率	甲产品作业成本	乙产品作业成本
材料处理	18 000	600	30	12 000	6 000
材料采购	25 000	500	50	17 500	7 500
使用机器	35 000	2 000	17.5	21 000	14 000
设备维修	22 000	1 100	20	14 000	8 000
质量控制	20 000	400	50	12 500	7 500
产品运输	16 000	80	200	10 000	6 000

(续表)

作业成本库	耗用资源	动因量	动因分配率	甲产品作业成本	乙产品作业成本
合计总成本	136 000			87 000	49 000
产量				900	300
单位成本				96.67	163.33

5.（1）填列表格如下：

A、B 两个投资中心的相关数据　　　　　　　单位：万元

项目	A 投资中心		B 投资中心	
	追加投资前	追加投资后	追加投资前	追加投资后
平均经营资产	100	200	200	300
部门税前经营利润	8	17.2	30	41
部门投资报酬率	8/100×100% ＝8%	17.2/200×100% ＝8.6%	30/200×100% ＝15%	41/300×100% ＝13.67%
剩余收益	8－100×10% ＝－2	17.2－200×10% ＝－2.8	30－200×10% ＝10	41－300×10% ＝11

（2）决策如下：

由于 A 投资中心追加投资后将降低剩余收益，故不应追加投资；B 投资中心追加投资后可提高剩余收益。

五、简答题（本大题共 2 小题，每小题 6 分，共 12 分）

1. 管理会计和财务会计的区别为：财务会计"总结过去"，而管理会计"面向未来"；它们有不同的报告期间、服务对象、计算方法；财务会计提供综合性信息，而管理会计提供细节性信息；财务会计必须符合会计准则，而管理会计受到理论的规范。

2. 成本性态也称为成本习性，是指成本总额对业务总量（产量或销售量）的依存关系。

（1）固定成本。固定成本是指总额在一定期间和一定业务量范围内，不受业务量变动的影响而保持固定不变的成本。固定成本总额不变，单位固定成本呈反比例变动。

（2）变动成本。变动成本是指在一定的期间和一定业务量范围内其总额随着业务量的变动而呈正比例变动的成本。变动成本总额呈正比例变动，单位变动成本不变。

（3）混合成本。混合成本是介于固定成本和变动成本之间，既随业务量变动又不呈正比例变化的成本。混合成本可以分为标准式混合成本、阶梯式混合成本与低坡式混合成本。